러셀의
인생 수업

**러셀의
인생 수업**

발행일　　　2026년 4월 25일　초판 1쇄

지은이　　　성기철
펴낸이　　　정상준
펴낸곳　　　㈜을유문화사
창립일　　　1945년 12월 1일
주소　　　　서울시 마포구 서교동 469-48
전화　　　　02-733-8153
팩스　　　　02-732-9154
홈페이지　　www.eulyoo.co.kr

ISBN 978-89-324-7611-7　03100

• 저작권법에 의해 보호를 받는 저작물이므로 무단 전재와 복제를 금합니다.

• 이 책의 전체 또는 일부를 재사용하려면 저작권자와 을유문화사의 동의를 받아야 합니다.

• 책값은 뒤표지에 있습니다.

• 잘못된 책은 구입하신 곳에서 바꾸어 드립니다.

러셀의
인생 수업

세기의 지성이 건네는
24가지 지혜

성기철 지음

일러두기

1. 인명이나 지명은 국립국어원의 외래어 표기법을 따랐고, 일부 굳어진 명칭은
   일반적으로 쓰고 있는 명칭을 사용했습니다.
2. 도서명은 『　』로, 미술 작품명과 시 제목은 「　」로, 노래 제목은 〈　〉로 표기했
   습니다.

어떻게 행복해질 것인가?

사랑이나 지식, 행복을 탐구하는 사람이라면 특별히 좋아하는 철학자가 한둘은 있을 것이다. 소크라테스, 노자, 에피쿠로스, 세네카, 데카르트, 루소, 몽테뉴, 쇼펜하우어, 니체, 하이데거, 프롬…….

나는 학창 시절 소크라테스를 좋아했다. '너 자신을 알라'라는 화두를 끌어안고 맹렬하게 지식을 탐구하는 삶, 목숨에 연연하지 않고 정의의 독배를 드는 철인의 모습이 더없이 숭고해 보였다. 신문기자 생활을 시작한 20대 후반 이후에는 니체였다. 인생을 주도적으로 개척하는 사람, 즉 초인이 되라는 외침과 삶의 다방면을 아우르는 주옥 같은 아포리즘에 매료되었다.

독자 여러분은 어떤 철학자를 가슴에 품고 사는가? 언젠가부터는 내 마음에 영국 철학자 버트런드 러셀(1872~1970)이 자리했다. 대표작 『행복의 정복 *The Conquest of Happiness*』(이순희 옮김, 사회평론)밖에 모르고 살다 우연히 그의 자서전『인생은 뜨겁게 *Autobiography*』(송은경 옮김, 사회평론)를 읽고 눈과 귀가 확 열리는 느낌을 받았다. 특히 사랑에 대한 갈망, 지식에 대한 탐구욕, 인류 고통에 대한 참기 힘든 연민이 자기 인생을 지배했다는 서문 첫 문장이 나를 사로잡았다.

이 위대한 철학자의 생애는 사랑과 지식과 연민으로 가득했다. 인생의 종착지를 눈앞에 두고 쓴 자서전에서 일평생 사랑과 지식과 연민을 추구해 왔노라고 회고할 수 있었으니 얼마나 고귀한 삶인가. 내 삶도 중간 평가해 보지 않을 수 없었다.

나는 누구인가?

나는 누구를 얼마나 사랑하고 있는가?

나는 지식을 얻고자 어떤 노력을 기울이고 있는가?

나에게 행복이란 무엇인가?

나는 어떻게 행복해질 것인가?

나는 세상을 위해 어떤 기여를 하고 있는가?

나는 어떤 죽음을 맞이할 것인가?

앞서 언급한 자서전 서문의 첫 문장은 이 마지막 문장에 이르러 완성된다. "이것이 내 삶이었다. 나는 그것이 살 만한 가치가 있다는 것을 알았으므로, 만일 다시 기회가 주어진다면 기꺼이 다시 살아볼 것이다." 여러분은 이런 삶이 부럽지 않은가? 그를 따르고 싶지 않은가?

미국의 대표 지성으로 손꼽히던 노엄 촘스키는 이 서문의 첫 문장을 매사추세츠공과대학MIT 연구실 벽에 늘 붙여 놓고, 매 학기 첫 시간에 수강생들에게 꼭 들려주었다고 한다. 선배 학자의 인생을 이정표처럼 따르고 싶은 마음이었을 것이다.

러셀은 기호논리학을 집대성하고 분석철학의 기초를 다진 철학자다. 철학 이외에도 수학, 교육학, 역사학, 종교학, 사회학, 천문학, 정치학, 여성학 등 다양한 분야에서 열정을 가지고 수많은 저술을 남겼다. 그의 책을 속속들이 읽다 보면, 한 인간의 앎에 끝이 없다는 사실에 압도된다. 그 아득한 지성 앞에서 나의 무지를 새삼 깨닫는다.

그는 '행복한' 사상가였다. 고뇌와 우울증, 대인관계 어려움을 겪기 십상이던 여느 철학자들과 달리 한평생 건강하고 활기찬 삶을 살았다. 학문적으로 정점에 섰을 뿐만 아니라 사랑과 행복까지 온전히 누렸다. 내가 특별히 그를 좋아하고 동경하는 이유 중 하나다. 그의 98년 긴 인생사를 더듬어 부럽지 않은 대목이 없다.

러셀의 철학은 우리네 삶과 맞닿아 있다. 그의 사유는 관념에 머물지 않고 구체적인 현실 세계를 반영한다. 특히 그가 말하는 사랑과 행복은 평생 자신이 추구하고 실천한 그대로다. 그에게 말과 행동, 사상과 실천은 분리된 것이 아니었다.

진정한 사랑, 참된 행복에 목마른 현대인들이 그의 인생론에 귀 기울여야 하는 이유다. 거침없이 주장을 펼친 탓에 세상을 타락시킨다는 이유로 한때 기독교 지도자와 윤리주의자들로부터 악의적인 비난을 받기도 했으나, 아마도 그는 그런 솔직함 속에 진리가 있다고 믿었을 것이다. 지금 생각해 보면 그 거센 비난이야말로 그의 통찰이 얼마나 날카로웠는지를 보여주는 반증이었다.

이 책은 러셀의 수많은 저서 가운데서 다섯 개의 주제 안에 24개 키워드를 선별해 구성했다. 철학자의 심오하고도 독특한 사유를 소개하며 필자의 인문학적 지식과 경험을 적절히 곁들였다. 철학 이론의 형식적 틀에 얽매이지 않고, 누구나 일상에서 맞닥뜨리는 사랑과 행복의 문제를 쉽게 서술하려 했다.

사랑을 마음껏 경험하고, 누구보다 행복한 삶을 살았던 러셀의 모든 메시지에는 힘이 있다. 러셀은 지식이 사랑과 행복의 원천이라고 보았다. 이 책에서도 그가 말하는 지식의 힘, 철학적 사색의 중요성 등을 비중 있게 다루었다. 또한 러셀은 루소처럼 교육에 각별한 관심을 쏟았고, 자녀 교육의 과정과 성공 여부가 행복에 큰 영향을 미친다고 여겼기에 이 분야에도 많은 페이지를 할애했다.

자, 이제 러셀에게 구체적으로 인생을 물어보고 싶지 않은가? 그는 사랑도, 행복도 애써 배우고 익혀야 한다고 했다. 인

간과 세상, 그리고 우주를 함께 이해하려고 몸부림쳤던 위대
한 사상가, 머리는 냉철하되 누구보다 가슴이 뜨거웠던 한 휴
머니스트의 안내로 독자 여러분의 삶을 새롭게 설계해 보기
바란다.

여는 글　어떻게 행복해질 것인가?　　　5

제1장
사랑을 갈망하라

1.　천국은 오직 사랑으로 존재한다: 사랑의 이유　　19
　　성공한 사랑은 모두 노력의 산물이다

2.　호혜적 사랑은 생명력을 갖는다: 최고의 사랑　　26
　　자신의 기쁨과 상대방의 행복을 결합하라

3.　완전한 평등으로 자유를 허하라: 행복한 결혼　　34
　　부부는 일신동체가 아니라 이심이체二心異體

4.　위선의 가면을 벗어 던져라: 성 윤리　　41
　　자유와 개방으로 성 집착을 막아라

●　러셀에게 사랑이란?　　48
　　사랑에 거룩함은 그다지 중요하지 않다

제2장
지식을 탐하라

5. 지식이 없는 사랑은 무력하다: 지식의 힘　　53
전통적 앎을 끊임없이 의심하라

6. 습관의 횡포로부터 사고를 해방하라: 철학적 사색　61
사색은 삶의 지혜와 마음의 평화를 준다

7. 자유로운 지성이 두려움을 이긴다: 종교　　68
지성과 영성의 화해를 도모하라

8. 쾌락으로 역사를 읽어라: 역사 공부　　76
전기나 회고록은 인물 독서의 완결판이다

9. 사실과 감정의 정곡을 찔러라: 글쓰기　　83
폭넓은 독서로 지적 근육을 키워야 한다

● 러셀에게 지식이란?　　91
지식과 감정적 만족을 조화시켜라

제3장
자녀를 제대로 교육하라

10. 부모의 권력욕이 자녀를 망친다: 자율　　97
혼자 할 수 있는 일을 대신 해 주지 마라

11. 호기심은 지적 생활의 본능적 기초다: 호기심　　104
끊임없이 질문하게 하라

12. 일관된 진정성으로 신뢰를 쌓아라: 정직　　111
거짓말은 두려움의 산물, 징벌이 능사는 아니다

13. 최초의 습관은 본능만큼 중요하다: 좋은 습관　　117
습관이 성격을, 성격이 운명을 좌우한다

● **러셀에게 자녀 교육이란?**　　123
자유로운 환경에서 자제력을 가르쳐라

제4장
불행의 뿌리를 제거하라

14. **왜 현대판 공룡이 되려고 하는가?: 과도한 경쟁**　　129
남이 아닌 나의 어제와 경쟁하라

15. **질투는 가까운 사람을 쏜다: 질투**　　136
공작새는 다른 공작새의 꼬리를 부러워하지 않는다

16. **최악의 경우를 생각하라: 걱정**　　143
대부분의 걱정은 쓸데없는 것이다

17. **외톨이로 행복한 사람은 독재자뿐이다: 외로움**　　150
최고의 외로움 퇴치법은 자발적 고독

18. **미신적 도덕률에 굴복하지 마라: 죄의식**　　157
이성의 힘으로 불합리한 죄의식을 몰아내야 한다

19. **훌륭한 소설에도 지루한 대목이 있다: 권태**　　163
자극을 찾지 말고 적정 수준의 권태를 즐겨라

•　**러셀에게 불행이란?**　　170
자신을 향한 지나친 몰입이 불행의 원인이다

제5장
행복을 정복하라

20. 영리한 사람은 부자가 되어도 일한다: 일   175
지금 하고 있는 일을 즐기는 사람이 이긴다

21. 좋아하는 분야가 많을수록 행복하다: 열정   182
열정이 도를 넘지 않게 하는 네 가지 요소

22. 노동이 인생의 목표일 순 없다: 게으름   188
슬기로운 게으름은 결코 나쁘지 않다

23. 노력과 체념의 경계에 서라: 중용   195
아름다운 포기는 용기이자 지혜다

24. 다른 사람들의 고통에 귀 기울여라: 연민   202
연민은 기도가 아니라 행동하는 자선이다

● **러셀에게 행복이란?**   209
세상을 향한 관심이 최고의 행복을 이끈다

닫는 글   213
집필에 참고한 러셀의 저서   215

제1장

사랑을 갈망하라

1.

천국은 오직 사랑으로 존재한다: 사랑의 이유

성공한 사랑은 모두 노력의 산물이다

사랑은 인류의 위대한 발명품이다. 사랑은 신화이자 생명이며 진리다. 지구상 80억 인간 생명체 대부분은 사랑의 결실이다. 결국 인간 사회가 지속되는 것은 사랑이 존재하기 때문이다.

인간은 본질적으로 사회적 동물이기에 타인을 갈망한다. 혼자가 되기를 원하는 사람은 드물다. 혼자라는 것은 결핍으로 다가오며 불편함을 수반한다. 누구나 타인과의 감정적 소통과 육체적 접촉을 그리워하기 마련이고, 그런 갈망 속에서 특별한 매력이 느껴지는 순간 사랑이 불타오르게 된다.

버트런드 러셀은 철학자로서는 보기 드문 사랑꾼이다. 자유연애를 즐기며 결혼을 네 번이나 했다. 데카르트, 칸트, 파스칼, 스피노자, 쇼펜하우어, 니체, 비트겐슈타인 등 저명한 철학자들이 한 번도 결혼하지 않은 것과 대비된다. 마지막 네 번째 결혼은 80세 때의 일이다. 평생 사랑을 갈망하고 그것을 성취하여 한껏 누린 삶의 이력이 그의 여러 저서에 사랑에 관한 철학적 사유로 깊숙이 배어 있다. 『행복의 정복』과 『결혼과 도덕에 관한 10가지 철학적 성찰*Marriage and Morals*』(김영철 옮김, 자작나무)이 대표적이다.

러셀은 90대 후반에 집필한 자서전 『인생은 뜨겁게』에서 자신이 일평생 사랑을 찾아 나선 이유를 세 가지로 설명했다. 사랑을 통해 삶의 희열을 느끼게 되고, 외로움을 덜 수 있으며, 천국의 모습을 볼 수 있기 때문이라고 말이다.

그가 말한 사랑의 이유를 좀 더 면밀히 살펴보자. 첫째, 희열을 가져다주기 때문이다. 사랑이 주는 희열이 얼마나 대단했던지 그 기쁨의 몇 시간을 위해 남은 인생을 모두 바쳐도 좋겠다는 생각을 자주 했노라고 러셀은 고백한다. 그에게 사랑은 그 자체로 기쁨을 빚어 내는 원천이기에 더없이 소중하며, 반대로 사랑이 없다는 것은 고통의 근원이 될 수 있다.

그렇다. 사랑은 그 자체로 기쁨의 완전체다. 오감을 자극하는 설렘과 환희, 생기가 한데 어우러진 벅찬 마음이다. 사랑은 아름다운 음악, 높은 산에서 감상하는 해돋이, 보름달 아래 펼쳐진 바다와 같은 최상의 쾌락을 한층 더 고양한다. 그것을 제대로 경험하지 못하는 삶은 불행하다. "사랑이 곧 인생"이라는 요한 볼프강 폰 괴테의 노랫말은 누가 뭐래도 진리다. 그는 말했다. "사랑이 없는 인생, 사랑하는 사람이 없는 삶은 하찮은 환등기가 비춰 주는 쇼에 지나지 않는다."

내가 더 좋아하는 것은 오스트리아 작가 프리드리히 할름의 사랑 묘사다. "사랑이란 하늘에서 우리를 이끌어 주는 별, 메마른 황야의 한 점 초록, 회색 모래 속에 섞인 한 알의 금이다." 세상에 사랑보다 아름다운 것이 있을 수 없다는 의미를 담은 표현이다.

러셀이 사랑을 소중히 여긴 두 번째 이유는 외로움을 덜어 주기 때문이다. 이는 첫 번째 이유와 상통하며 사랑의 본질을 가리킨다. '혼자 됨'의 결핍과 불편을 극복하기 위해 추구하는 것이 바로 사랑 아닌가.

러셀은 영국의 최고 명문가(할아버지가 빅토리아 시대 수상을 역임한 귀족이었다)에서 태어났지만, 유년 시절 잇따라 부모를 여의는 바람에 외로움 속에서 자랐다. 그가 노년에 자서전을 쓰면서 떠올린 '외로움'이란 "이 세상 언저리에서 깊고 차디찬 바다 밑을 들여다보며 몸서리치게 만드는 지독한 것"이었다. 비록 이혼과 결혼을 반복했지만, 20대 초반 처음 결혼한 이후로 죽는 날까지 중만하게 가정을 꾸리고 산 이가 이렇게 말하다니 성장기 외로움의 상처가 무척 컸던 모양이다.

러셀에게 사랑이란 인간이 긴 생애 대부분 동안 겪는 외로움으로부터 벗어날 수 있는 중요한 수단이다. 사람은 저마다 냉혹한 세상과 잔인한 대중에 대해 뿌리 깊은 두려움을 갖기 마련이나 열정적인 사랑 속에서는 이런 감정이 소멸된다. 사랑은 자아라는 단단한 벽을 부수고 두 사람이 연인으로 이뤄진 하나의 새로운 존재를 낳게 된다.

그가 인간은 혼자서 외로움을 지탱할 수 없도록 세상이 형성되었다고 본 이유는, 타인의 도움 없이는 자연이 명령하는 생물학적 목적을 달성할 수 없기 때문이다. 특히 문명사회의 인간이라면 사랑 없이는 성적 본능을 충분히 만족시킬 수 없기에 결국 외로움은 정신적·육체적 사랑을 통해서만 벗어날 수 있다.

사실 외로움이란 인간의 근원적 특성이다. 아무리 사랑을 하고, 또 많은 사랑을 받아도 외로움이 완전히 해소되지는 않는다. 그렇다 해도 그것을 조금이라도 덜어 줄 거의 유일한 방법은 역시나 사랑이다. 누구나 사랑을 쉼 없이 추구하는 것은 그 때문이다.

러셀이 사랑을 소중히 여긴 세 번째 이유는 천국의 모습이 사랑의 결합 속에 있음을 발견할 수 있기 때문이다. 자기가 믿는 종교가 무엇이든 천국이 있다면 그곳에 가고 싶은 것은 인지상정이다. 영원한 복락을 누릴 수 있는 불멸의 낙원 아닌가.

러셀의 말처럼 성인聖人과 시인들은 천국의 모습을 즐겨 그렸는데, 사랑 말고 천국을 제대로 그려 낼 색연필은 없을 성

싶다. 성 토마스 아퀴나스와 성녀 데레사는 사랑이 천국의 중심이며, 천국에서 모든 것을 완성하는 힘이라고 했다. 단테는 천국을 신성한 빛과 사랑으로 가득한 곳으로 묘사했다. 화가도 다르지 않다. 르네상스 시기 이탈리아 화가 티치아노는 대표작 「천상과 세속의 사랑」에서 현생과 사후를 절묘하게 대비해 묘사했다. 화려한 옷을 입은 여인 옆에 놓인 보석 담긴 꽃병은 현생에서의 짧은 행복을, 벌거벗은 여인이 든 검은 기름 등잔은 사후 천상에서의 영원한 행복을 의미한다.

러셀은 20세기 영국인으로서는 이례적으로 기독교 신자가 아니었다. 절대자 신의 존재 여부는 인간의 이성으로 규명할 수 없다고 본 불가지론자不可知論者였다. 그럼에도 그는 사랑을 통해 천국의 모습을 발견할 수 있다고 했다.

다만 그에게 천국은 사후의 약속이기보다는 현생에서 실현해야 할 과제였을 것이다. 현생에 위대한 사랑이 있다면 그것이 바로 신의 존재를 의미한다고 말할 수 있었다. 러셀은 자서전에서 자신이 결국 사랑을 찾아냈다고 썼다. 살아서 이미 '사랑의 천국'을 맛본 셈이다.

우리 역시 종교와 관계없이 천국을 사랑의 왕국으로 상상하곤 한다. 사랑이 충만한 곳이 곧 천국이라는 직관은 철학자 러셀의 사유와 통한다.

러셀이 말하는 사랑의 천국은 로맨틱한 사랑을 포함한다. 그는 자유연애 지지자인 동시에 로맨틱 사랑 예찬론자였다.

그는 『결혼과 도덕에 관한 10가지 철학적 성찰』에서 로맨틱한 사랑은 인생에 없어서는 안 될 가장 강렬한 희열의 원천이라면서 정열과 상상과 부드러움으로 서로를 사랑하는 남녀 관계는 측량할 수 없을 만큼 큰 가치를 지닌다고 말한다.

그는 사회의 잘못된 인습과 제도가 사랑을 방해한다고 지적했다. 인습을 타파하고 제도를 개선해야 한다는 그의 주장은 교회와 대학으로부터 숱한 비난을 받았지만, 러셀은 결코 소신을 굽히지 않았다. 76세 때 세 번째로 이혼하고 80세 때 네 번째 결혼을 강행한 것은 이런 소신과 의지의 표현일 것이다.

러셀이 사랑에 성공할 수 있었던 것은 열정 덕분이다. 그의 삶을 들여다보면 사랑을 향한 열정이 지식에 대한 그것 못지않게 강렬했다. 그는 일과 경제적 성공을 위해 사랑을 포기해선 안 된다고 말한다. 연애 때문에 출세를 완전히 희생하는 것은 어리석은 일이지만, 출세를 위해 사랑을 전적으로 희생하는 것도 어리석은 일이라며 두 가지가 균형을 이루도록 노력하되 열정이 있어야 한다고 조언한다.

러셀의 이런 생각은 한 세대 뒤 에리히 프롬에게로 이어진 듯하다. 사랑은 다분히 노력의 산물, 열정의 결과라는 데 두 철학자의 의견이 일치한다. 정신분석학자이기도 한 프롬은 저서 『사랑의 기술』(황문수 옮김, 문예출판사)에서 사랑은 '빠지는 것'이 아니라 '참여하는 것'이라고 규정하며, "사랑은 수

동적 감정이 아니라 적극적 활동이며 능력"이라고 말했다.
예나 지금이나 사랑은 용감하게 뛰어드는 자의 몫이다.

2.
호혜적 사랑은 생명력을 갖는다: 최고의 사랑

자신의 기쁨과 상대방의 행복을 결합하라

'사랑의 철학자' 러셀은 즐겨 사랑하되 제대로 할 것을 주문했다. 최고의 사랑, 바람직한 사랑, 가치 있는 사랑을 염두에 두고 애써 노력해야 하며, 노력하면 누구나 그런 사랑을 향유할 수 있다는 게 그의 생각이었다.

그에게 최고의 사랑이란 서로 생명력을 주고받는 사랑이다. 이는 좋아하는 사람의 자아를 내 자아와 똑같이 중요한 것으로 느끼는 사랑을 말한다. 상대방의 감정과 희망을 내 것처럼 이해하고, 자아 중심의 감정을 '의식적'이 아니라 '본능적'으로 전개해 상대방과 함께 포용하는 것이다.

이는 일방적으로 내어 주거나 받기만 하는 사랑이 아니라, 기쁨과 쾌락을 공유하는 호혜적 사랑이다. 러셀이 진단하는 바, 이런 사랑이라야 서로 크게 애쓰지 않고도 지속적으로 행복감을 누릴 수 있다. 한쪽이 다른 한쪽의 생명력을 빨아들이기만 하고 아무것도 돌려주지 않는 사랑은 지속되기 어렵다. 생명력을 빨아들이는 쪽은 번영을 누리면서 흥미로운 존재가 되지만, 상대방은 점점 창백해지고 우둔해지며 무력해진다.

러셀은 『행복의 정복』에서 두 사람이 서로에게 진정으로 관심 갖는 사랑을 제안했다. 서로를 단순히 자신의 행복에 도달하기 위한 수단으로 보는 것이 아닌, 공동의 행복을 추구하는 결합체로 보는 사랑이야말로 진정한 행복에 이르게 하는 중요한 요소라면서 생명력을 주고받는 호혜적 사랑의 중요성을 강조했다.

러셀은 또한 받는 사랑은 베풀어야 할 사랑을 해방시켜야 한다면서 사랑을 통한 행복은 반드시 공유되어야 한다며, 자신의 기쁨과 타인의 행복을 바라는 마음이 불가결의 관계를 맺고 결합하는 것이 최고의 행복이라고 강조했다. 남의 행복을 비는 마음이 수반되지 않는 자신만의 기쁨은 잔인한 것이며, 반대로 자신에게 기쁨이 없으면서 남의 행복만 비는 사랑은 쉽게 식어 버린다.

그렇다. 사랑은 서로 비슷한 수준으로 생겨나 그런 수준으로 유지될 때 생명력을 갖는다. 우리는 주변에서 일방적으로 주거나 받다가 파산하는 사랑을 자주 본다. 일방적으로 사랑을 주는 사람은 오래지 않아 지쳐 버릴 가능성이 있고, 일방적으로 그것을 받는 사람은 곧 흥미를 잃을 가능성이 있다. 사랑의 고귀함에 지나치게 큰 가치를 두는 이들이 이런 함정에 흔하게 빠지곤 한다.

러셀의 사랑론은 진솔하고 구체적이다. 그는 가치 있는 사랑의 세 가지 기준을 제시했다. 대담하면서도 빈틈없는 사랑, 좋은 것이 무엇인지 알려 주되 나쁜 것에 대해 눈감지 않는 사랑, 신성한 척 거룩한 척하지 않는 사랑이 그것이다. 그가 종교적·도덕적 규범이 엄격했던 빅토리아 시대에 태어나 청년기를 보냈다는 점을 감안하면 당시로서는 획기적인 '사랑의 기술'이다. 아니, 지금 들어도 매우 진보적이고, 누가 들어도 고개를 끄덕일 만한 주장이다.

러셀은 먼저 대담하고도 빈틈없는 사랑을 주문했다. 사랑에는 두려움이 없어야 한다. 그는 사랑을 두려워하는 것은 인생을 두려워하는 것이며, 인생을 두려워하는 것은 죽음이나 마찬가지라고 말했다. 사랑을 개척해 나가는 데 방해가 되는 터부나 미신적인 공포, 비난하는 말과 비아냥하는 침묵에 굴복해서는 안 된다.

이런 사랑을 일궈 나가는 데서 신중함은 금물이다. 그는 신중한 태도 가운데 참된 행복을 가로막는 가장 치명적인 신중함은 사랑에 대한 신중함이라고 했다. 사랑해선 안 될 특별한 이유가 없다고 판단되면 대담하게 밀고 나가라는 조언이다. 이러한 대담함은 원하는 사랑을 쟁취할 수 있다는 내적 확신

없이 갖추기 어려운 덕목이다.

러셀이 두 번째로 주문하는 것은 사랑하는 사람에게 좋은 것이 무엇인지 알려 주는 사랑이다. 단, 나쁜 것에 대해서 눈 감지 말아야 한다. 인생에서 좋고 나쁜 것에 대해 명확한 태도를 취함으로써 솔직하고 진실된 사랑을 도모해야 한다는 뜻이다. 좋은 것을 드러내 기쁨을 공유하는 것은 사랑의 본질이자 기본적 효능에 속하며, 나쁜 것을 숨겨 눈감는 것은 사랑의 기초를 허무는 행위다. 선과 악을 명확히 구분하는 것이야말로 사랑을 지속하게 하는 원동력인지도 모른다.

마지막 세 번째는 신성한 척, 거룩한 척하지 않는 사랑이다. 러셀은 그런 '척하는' 사랑은 가치가 없다고 했다. 위선은 사랑을 계속 끌고 나가기 어렵다는 말로 들린다. 사랑이 지닌 신성함과 거룩함은 부정할 수 없다. 때로 그것이 목숨을 바칠 만한 가치로 여겨지는 것도 그 때문이다. 그러나 그 감정이 내면에서 자연스럽게 우러나는 것이 아니라 겉으로만 그런 척 하는 것은 사랑의 본질과 거리가 멀다.

러셀은 체면과 염치에 짓눌려 사랑의 모든 것이 신성한 것처럼 포장하는 세태를 강하게 비판했다. 사람들이 사랑에 굳이 신성함이나 거룩함을 부여해 칭송하는 것은 성적性的 금기의 결과라고 본 것이다. 사랑이 반드시 신성하거나 거룩해야 할 이유도 필요도 없다는 그의 생각은 '척하는' 사랑보다는 세속적이거나 조금 저급하더라도 진솔한 사랑을 추구해야 행복하다는 의미일 것이다.

인생에서 최고의 사랑을 일궜다고 해서 그것이 지속된다는 보장은 없다. 주변을 둘러보라. 사랑의 기쁨에 한껏 겨워 살다가 갑자기 슬픔의 골짜기로 내려서는 사람이 얼마나 많은가. 롤러코스터처럼 최고의 사랑과 최악의 사랑을 번갈아 가며 경험하는 사람도 있다. 윌리엄 셰익스피어도 이렇게 노래했다.

사랑이란 한숨으로 일으켜지는 연기
맑은 날엔 애인의 눈 속에서 번쩍이는 불꽃
흐린 날엔 애인의 눈물로 이룬 바다
사랑이란 가장 분별 있는 미치광이요
목을 졸라매는 쓰디쓴 약인가 하면
활력 넘치게 하는 감로이기도 하네.
_『로미오와 줄리엣』 중에서

그렇다. 모든 사랑은 위험과 고통의 가능성을 안고 있다. 평화보다는 전쟁에 더 가깝다고 할 수도 있다. 싸움이나 이별은 물론이고, 질병이나 죽음마저 어른거린다. 어쩌면 세상에는 성공한 사랑 덕분에 복된 인생을 사는 사람보다 사랑에 굶주리거나 지친 나머지 불행하게 사는 사람이 더 많을지도 모른다. 사랑의 검은 그림자를 피할 수는 없을까? 긴 세월 수많은 철학자가 이 문제에 천착했으며, 요즘에는 심리학자나 정신의학자들도 연구에 발 벗고 나선다.

러셀은 사랑의 실패를 피할 수 있는 최선의 방법으로 '자유'를 제시했다. 사랑하는 동안에는 자유롭고 너그러우며, 구속하거나 구속받지 않는 환경을 조성하는 것이 무엇보다 중요하다는 것이다. 그는 『결혼과 도덕에 관한 10가지 철학적 성찰』에서 사랑은 자유롭고 두려움이 없어야 하며 육체와 정신이 동등한 비율로 결합돼야 한다면서, 사랑은 대지에 깊이 뿌리 내리면서도 가지는 하늘을 향해 뻗는 나무여야 한다고 말했다. 그리고 사랑은 자유롭고 자발적일 때에만 자라날 수 있으며, 의무라고 생각하면 금방 죽고 만다고 덧붙였다.

하지만 현실에선 사랑하는 사람을 자기도 모르게 구속하는 경우가 있다. 행동뿐만 아니라 말, 심지어 생각까지 간섭하려 든다. 독점적 사랑을 한다는 이유로 그것을 당연하게 여기는 사람도 적지 않다. 이런 관계는 결코 바람직하지 않다. 이기적인 소유욕은 사랑에 균열을 낼 뿐이다.

러셀은 사랑에 소유욕이 침투하면 활력과 인격을 잃게 된다면서 소유욕이 없을 때 사랑은 인격을 완성하고 더 밝은 삶을 살게 된다고 말한다. 사랑이란 역시 소유가 아닌, 존재의 방식임을 새삼 깨닫는다. 감사하는 마음이 뒷받침될 때 사랑은 더 단단해진다.

그가 사랑하는 사람에게 애써 보장해 주어야 한다고 말하

는 '자유'의 의미를 나는 『그리스인 조르바』의 작가 니코스 카
잔차키스의 묘비명에서 찾는다. "나는 아무것도 바라지 않는
다. 나는 아무것도 두려워하지 않는다. 나는 자유다." 욕심과
두려움을 버려야 비로소 자유로워질 수 있다는 혜안이다. 사
랑하는 사람을 구속하는 가장 큰 이유 역시 욕심을 내려놓지
못하기 때문일 것이다.

러셀이 지적한 소유욕과 함께 사랑하는 사람에 대한 지나
친 기대도 두 사람 사이를 조용히 갉아먹는다. 그런 기대에는
부응하기 어려운 법이니 특히 그렇다. 구속받는 사람은 말할
것도 없고, 구속하는 사람도 심리적 자유를 침해 받는다.

언젠가 사랑이 식어 버릴지도 모른다는 두려움은 상대방을
더욱 옥죄는 결과를 낳는다. 이런 두려움은 상대방에 대한 구
속을 넘어 집착과 폭력으로 발전할 위험이 있다. 요즘 자주 발
생하는 데이트 폭력, 이별을 통보하는 연인에 대한 위해危害,
스토킹 등은 모두 사랑을 인격적·상호적 관계가 아니라 소유
관계로 인식한 나머지 상대방을 억지로 통제 아래 두려는 병
리적 태도에서 비롯된 범죄 행위다.

독자 여러분은 지금 사랑하는 사람에게 자유를 허許하고
있는가? 사랑하는 사람이 자유로워야 나도 자유롭다. 그래야
사랑이 충만하고 행복하다. 욕심과 두려움을 내려놓고 현재
의 사랑에 만족하고 집중하자. 물론 구속 대신 자유를 선택했
음에도 사랑에 금이 가는 일이 발생할 수 있다. 그럴 때에도

현재의 사랑에 집중하는 것이 중요하다. 『월든』을 쓴 미국 철학자 헨리 데이비드 소로가 우리에게 좋은 처방전을 건넸다.

"사랑에 의한 상처는 더 많이 사랑함으로써 치유된다."

3.

완전한 평등으로 자유를 허하라: 행복한 결혼

부부는 일심동체가 아니라 이심이체二心異體

러셀은 결혼을 긍정적으로 생각했던 철학자다. 예나 지금이나 많은 사람이 결혼을 연애의 무덤이라고 말하지만, 러셀은 연애의 완결판이자 새로운 사랑의 시작으로 여긴 듯하다.

그의 결혼 이력은 대략 이렇다. 첫 결혼은 22세 때 했다. 아내는 그를 첫눈에 반하게 만든 다섯 살 연상의 미국 여성 앨리스 스미스로, 금욕주의자였으며 아이를 낳지 않았다. 러셀은 39세 무렵 결혼 생활을 사실상 청산한 데 이어 49세 때 정식으로 이혼하면서 제자의 친구인 도라 블랙과 두 번째 결혼을 했다. 그리고 도라와의 사이에 아들과 딸을 두었다. 러셀은 64세 때 도라와 이혼하고 피터 스펜스와 세 번째로 결혼해 아들 하나를 더 낳았다. 80세 때는 대학 교수인 이디스 핀치와 네 번째 결혼을 했다.

그의 결혼 생활을 마냥 행복했다고 평가하기는 어렵다. 이혼과 결혼을 반복하는 과정에서 심적 고통과 주변의 눈총이 적지 않았을 것이다. 하지만 인생 전체로 보면 사랑에는 성공했다고 말할 수 있고, 스스로도 그렇게 평가한다.

그렇다. 사랑과 결혼은 흔히 별개로 움직인다. 결혼은 사랑의 두 물줄기가 합해져 가정이라는 하나의 큰 물줄기를 이루는 사회적·제도적 행위다. 두 사람이 사회로부터 독점적 관계를 보장받는 대신 그 사랑을 지속해야 할 의무를 지게 된다. 하지만 원천적으로 자연스럽게 우러나오는 감정인 사랑을 의무로 지켜 내는 데는 한계가 있다. 그나마도 의무를 소홀히 해 사랑이 메말라 버리면 필연적으로 결혼 생활에 빨간 불이 켜진다.

결혼의 성공 여부를 결정짓는 중요한 요소는 사랑만이 아니다. 결혼은 사랑의 결합인 동시에 가문의 결합, 경제의 결합이다. 결혼하는 순간 두 사람 사이에는 두 집안의 낯선 사람들, 색다른 풍속과 전통이 끼어든다. 이는 종종 불화를 초래하는 요인이 된다. 여기에다 결혼이 두 사람의 경제적 통합을 의미하는 만큼 경제 활동이 원만하지 않을 경우 역시 갈등을 불러일으킨다.

주변을 살펴보라. 이 세상 수많은 사람이 결혼 생활의 어려움을 토로한다. 식어 버린 사랑을 뒤로하고 탈출을 시도하는 사람이 있는가 하면, 활력을 잃은 채 숨죽여 살아가는 사람도 있다. 결혼하면 3개월 동안 사랑하고, 3년 동안 싸우며, 30년 동안 참고 산다고들 하지 않는가.

결혼을 새장에 빗댄 프랑스 지성 미셸 드 몽테뉴의 말에 절로 고개가 끄덕여진다. "밖에 있는 새는 들어가려고 안달이며, 안에 있는 새는 나가려고 발버둥친다." 몽테뉴 외에도 결혼을 비꼰 작가가 적지 않다.

"죽음으로 모든 비극은 끝나고, 결혼으로 모든 희극은 끝난다."(조지 바이런) "기혼자들은 결혼했다는 그 멍청함에 대한 형벌로 영원히 배우자와 함께 살아야 한다."(귀스타브 플로베르) "부유한 독신주의자에게는 무거운 세금이 부과되어야 한다. 왜냐하면 그런 사람만 행복하다는 것은 불공평하기 때문이다."(오스카 와일드) "만약 고독을 두려워한다면 결혼을 해서는 안 된다."(안톤 체호프)

러셀은 전혀 다르게 보았는데, 결혼을 사랑하는 두 사람 사이에 존재할 수 있는 가장 아름다운 관계라고 규정하며 부부가 큰 행복을 기대하지만 않는다면 결혼은 그런대로 행복할 것이라고 했다. 결혼에 환상을 갖지 않는 것, 결혼을 기나긴 축복의 꿈이라고 생각하지 않는 것이 중요하다. 그리고 애정 넘치는 친밀감도 필요하다.

러셀은 행복한 결혼 생활을 위한 네 가지 조건을 제시했다. 결혼을 하려는 사람, 결혼 생활 중인 사람 모두 새겨들을 만하다.

첫째, 부부 쌍방이 완전한 평등감을 느껴야 한다. 러셀 시대에는 서구 국가들도 부부 간 불평등이 심각했다. 이를 해소하지 않고는 건강한 가정이란 요원하다는 게 철학자의 생각이었다. 시대가 바뀌었으나 불평등 요소는 곳곳에 남아 있고, 유교적 전통이 강한 한국은 특히 그렇다.

부부가 결혼식에서 평등한 혼인 생활을 서약했으니, 언제 어디서든 동등한 인격체로서 상대방의 존재와 능력을 동일한 수준으로 인정해야 한다. 맞벌이에 가사를 분담한다고 해서 평등이 완성되는 것이 아니다. 정신적 상호 이해와 인격적 존중이 필요하다.

부부는 지배와 순종이 아니라 존경과 사랑으로 맺어져야 한다. 부부는 경쟁 관계가 아니라 공생 관계다. 한국 가정에 여전히 남아 있는 남편의 권위의식, 아내의 열등의식은 마땅히 걷어 내야 할 낡은 유산이다. 남편은 가족 부양자로, 아내는 자녀 양육자로 이분화된 성 역할도 통합하는 것이 바람직하다. 중년 이후 부부들에게 특히 요구되는 사항이다.

둘째, 부부는 상대방의 자유를 간섭해서는 안 된다. 부부는 일심동체一心同體가 아니라 이심이체二心異體임을 깨닫고 둘 사이에 이해의 공간을 마련해야 한다. 오랜 기간 전혀 다른 환경에서 성장한 두 사람의 생각이 같을 수는 없다. 서로 사랑한다고 해서 모든 생각이 같을 거라고 기대하며 사고를 구속하는 것은 절대 금물이다. 배우자의 생각이 나와 같지 않아도 틀린 건 아니라는 마음가짐이 중요하다.

생각뿐만 아니라 일상생활에서도 자유를 보장해야 한다. 특히 사생활을 상호 존중하며, 배우자의 개인사에 관심은 갖되 간섭하지 말아야 한다. 각자의 독립된 공간과 독자적인 영역을 인정해 주라는 얘기다. '중동의 성자'라 불리던 칼릴 지브란도 이 세상 부부들에게 서로 사랑하되 속박하지 말라고, 함께 노래하고 춤추되 각각 혼자이게 놓아두라고 당부했다. 그리고 함께 서되 너무 가까이 서지는 말라면서 참나무와 삼나무는 서로의 그늘 속에서는 잘 자랄 수 없다고 했다.

셋째, 부부 사이에는 사랑의 완전한 화합이 있어야 한다. 부부는 피 한 방울 섞이지 않은 남남이면서 사랑으로 결혼에 이른 사이다. 사랑이 무너지면 미련 없이 돌아설 가능성이 있음은 당연하다. 러셀이 이혼을 세 번이나 한 것은 결혼 생활에서 사랑을 남달리 중시했기 때문일 것이다. 그는 사랑이 식으면 애걸복걸 매달리기보다 다른 사랑을 찾아 나섰다. 냉각기를 거쳐 이혼 절차를 밟은 뒤 새로운 사랑과 부부의 연을 맺었다.

러셀은 정신적·육체적으로 완전한 화합을 이루는 사이라야 진정한 부부라고 보았으며, 그 자신이 빈틈없는 사랑을 추구했다. 정신적 화합을 위해 그는 아내와의 지적 대화를 각별히 중시했다. 철학자가 아닌 보통 사람들에게도 부부 간 대화는 매우 중요하다. 그것이 반드시 지적 대화일 필요는 없겠지만 말이다. 프리드리히 니체는 이런 말을 남겼다. "결혼을 하고 싶다면 이렇게 자문해 보라. 나는 이 사람과 늙어서도 대화를 계속할 수 있겠는가?" 참고로 니체는 사랑에 실패해 결혼을 한 번도 하지 못했지만, 부부 간 대화의 중요성을 누구보다 강조했다. 러셀은 육체적 합일습ㅡ도 중시했다. 결혼과 성은 떼려야 뗄 수 없는 불가분의 관계로, 부부 성관계는 사랑뿐만 아니라 자녀 출산과도 직결되기 때문이다.

넷째, 인생의 가치 기준이 어느 정도 유사해야 한다. 러셀은 한쪽은 금전에만, 다른 한쪽은 일에만 가치를 두는 경우를 예로 들면서 그러한 불일치가 결혼 생활에 치명적일 수 있다고 진단했다. 맞는 말이다. 결혼은 평생 한 울타리 안에서 함께 살 것을 전제로 이뤄진다. 부부 쌍방의 가치관이 너무 다르면 결혼이 성사되기도 어렵거니와 설령 결혼을 하더라도 긴 여정을 함께하기가 녹록지 않다. 사사건건 충돌하면서도 정작 중요한 문제에서는 무관심으로 일관하며 불행하게 살 가능성이 있다.

러셀이 제시한 네 가지 조건을 현실에서 모두 충족하기란 어렵고, 네 가지 모두 충족한다고 해서 반드시 행복이 보장되는 것도 아니다. 두 가지 정도만 충족해도 성공적인 결혼 생활이 가능하지 않을까 싶다.

어쩌면 성공적인 결혼 생활을 담보하는 공식이나 정답 같은 건 없는지도 모른다. 결혼 생활은 본질적으로 부부만의 고유한 문제이며, 현실에선 구체적인 세부 사항들이 더 중요하기 때문이다. 독일 시인 하인리히 하이네는 이렇게 말했다. "결혼은 어떤 나침반도 일찍이 항로를 발견한 적이 없는 거친 바다다."

그럼에도 행복하고 성공적인 결혼 생활의 제1조건으로 사랑을 꼽는 러셀의 말에는 계속 귀 기울이지 않을 수 없다. "좋은 결혼의 본질은 역시 남녀 간의 엄숙한 사랑이다."『결혼과 도덕에 관한 10가지 철학적 성찰』말미에 나오는 말이다.

4.

위선의 가면을 벗어 던져라: 성 윤리

자유와 개방으로 성 집착을 막아라

러셀은 성 윤리의 변혁을 외친 철학자다. 청교도적 금욕주의에 맞서 성의 자유를 회복해야 사랑과 행복을 살찌울 수 있다고 역설했다. 전통적 기독교 윤리에 저촉된다는 이유로 대학 교수 임용이 제한되는 등 여러 불이익을 당했지만, 소신을 굽히지 않았다.

구시대 성적 억압의 문제점과 부작용을 여과 없이 드러낸 그의 주장은 백 년이 지난 지금 들어도 다소 과격하게 느껴진다. 조기 성교육, 자유연애, 음란물 개방, 여성 해방의 필요성을 학문적 의제로 다룬 것은 가히 혁명적이다. 진정한 행복을 위해서는 성 문제를 대하는 개인과 사회의 태도에 획기적인 변화가 필요하다는 게 그의 지론이었다. 어린 자녀들에 대한 부모의 역할이 중요하다고 역설한 것도 선구적 혜안이라 하겠다.

러셀은 각종 저서에서 성적 억압의 문제점을 조목조목 비판한다. 성은 매일 먹는 음식과 마찬가지로 인간의 자연스러운 욕구이므로 무턱대고 억압할 것이 아니라 가급적 자유를 보장하는 방향으로 충족시켜야 한다고 설파했다. 그렇게 해야 과도한 집착과 그에 따른 폐해를 막을 수 있다는 것이다. 철학자의 생각을 구체적으로 살펴보자. 그에게 참으로 중요한 것은 성적 주제의 철저한 공개다.

그는 성에 대한 무지를 해악으로 지목하면서, 어린 자녀들에게 성에 대한 지적 호기심을 충분히 해소해 줄 것을 주문했다. 자녀가 아무리 어려도 성에 관한 질문에 곧바로 대답하지 않고 숨기거나 대충 둘러대는 말로 거짓말을 해서는 안 된다. 훗날 교사나 친구로부터 진실을 전해 듣고 부모가 자신을 속였음을 알면 성을 불결하거나 부도덕한 것으로 인식하게 될 것이기 때문이다.

성을 둘러싼 비밀주의는 성장기 사랑과 행복을 찾는 데 걸림돌이 될 뿐이라는 것이 러셀의 판단이다. 부모가 성 문제에서 거짓말을 하는 경우, 아이가 자기도 거짓말해도 된다는 생각을 갖게 된다. 부모에 대한 불신으로 이후 모든 성 지식을 또래 친구들을 통해 습득하게 되는데, 그렇게 익힌 지식은 부정확하고 왜곡될 가능성이 크다.

러셀은 성적 호기심도 다른 종류의 호기심과 마찬가지로 충족되면 반드시 소멸하기 때문에 그에 대한 집착을 막기 위해서는 알고 싶어 하는 모든 것을 가르쳐 주는 것이 좋다고 말한다. 어른들이 다른 여러 화제를 취급하는 것과 똑같은 태도로 성을 취급하고, 어떠한 질문을 던지든 아이들이 이해할 만큼 충분한 지식을 가감 없이 제공해 주면 쓸데없이 나쁜 상상을 하지 않는다. 그가 진단하길, 아이들이 음란해지는 것은 어른들이 괜히 점잔을 빼기 때문이다. 그것은 위선에 다름 아니며, 아이들도 그것을 따라 하게 된다. 이런 일이 지속되면 아이들이 부정직해질 뿐만 아니라 과학적 호기심마저 잃어버린다.

그는 세상의 여러 지식을 추구하는 아이가 어떤 문제에서 자신의 욕구가 나쁘다는 것을 알게 되면 그 아이의 과학적 호기심 충동은 제한된다고 했다. 그리고 아기를 어떻게 낳게 되느냐고 묻는 것이 나쁘다고 인식하면 아이들은 비행기가 어떻게 만들어지는지 묻는 것도 똑같이 나쁘다고 인식하게 된다고 말했다.

러셀은 거기다 아이들이 짓궂게 성적 장난을 하거나 음란한 행동을 하는 데 대해 부모가 지나치게 꾸짖는 것은 부적절하다고 얘기한다. 유년기나 청소년기의 지극히 자연스럽고 정상적인 행위에 부모가 과하게 반응함으로써 괜한 죄의식과 공포감을 심어 준다는 것이다. 성을 죄나 공포와 결부하는 것은 성인기 이후 정신 건강에 해롭다. 러셀은 죄의식, 수치심, 공포감이 아이들의 생활을 지배하게 해서는 안 된다며, 아이들은 본능적으로 나타나는 충동을 두려워해서도 안 되고, 자연스러운 사실들을 탐구하는 데 주눅 들면 안 된다고 말한다. 아이들은 모든 면에서 행복하고 쾌활하며 자발적이어야 하기 때문이다.

러셀의 이런 인식은 정신분석학자 지그문트 프로이트의 성욕 이론psychosexual theory과 궤를 같이한다. 이 이론에 따르면, 인간의 자아ego는 본능적 쾌락 욕구에 해당하는 성 충동libido과 사회적 규범인 초자아superego의 상호작용으로 형성된다. 성적 엄숙주의가 강력한 규범으로 작동하는 환경에서는 초자아가 지나치게 성 충동을 억제하기 때문에 자아가 죄의식으로 내면화하게 된다. 그런 자아는 성적 자기 결정권을 확보하지 못할 뿐만 아니라 일상에서 자존감, 자부심을 갖는 데에도 어려움이 생긴다.

예나 지금이나 서양이 동양에 비해 성 문제에 더 개방적이다. 이는 성을 사회 윤리와 연결하는 게 바람직하지 않다는 인식을 바탕으로 한다. 성 충동은 인간의 윤리·도덕과 무관하며, 개인의 생명과 인격의 영역이라는 인식이다. 성생활에 자유를 제공하는 것은 그 때문이며, 대신 성범죄에 대해서는 엄하게 처벌한다.

러셀이 성에 대한 충동을 줄이고 집착을 끊는 최선의 방법으로 든 것은 '자유'다. 전통적 도덕주의자들은 만약 성 충동을 엄격하게 통제하지 않으면 천박하고 거친 인간이 될 것이라고 경고하지만, 실은 정반대임을 그는 알았다. 모든 본능은 억제하기보다 자유를 보장하는 것이 바람직하다는 전제는 성에도 마찬가지로 적용된다. 러셀은 성의 자유를 보장하고 적절히 훈련해야 한다고 봤는데, 어린 시절에 본능을 훈련하지 않고 억제하기만 할 경우 그것이 평생에 걸쳐 지속되는 심리적 제약으로 고착되기 때문이다.

물론 그는 성 충동에 대한 일정 수준의 절제와 자제가 불가피함을 인정했다. 다만 그것이 전부가 되어서는 안 된다면서 자제의 효용은 기차 브레이크와 비슷해 기차가 엉뚱한 방향으로 가고 있다는 것을 알았을 때는 당연히 유용하지만, 정상적인 방향으로 가고 있을 때는 불필요하고 해롭다고 말했다.

절제와 자제의 수준을 러셀은 음식물 섭취에 비유해 설명한다. 음식물을 섭취할 때 우리는 세 가지 제약, 즉 법률의 제약(훔쳐 먹는 것), 예절의 제약(남보다 지나치게 많이 먹는 것), 건강의 제약(병에 걸릴 수 있는 부적절한 섭취)을 받는다. 성에도 이러한 제약이 있다. 강간을 해서는 안 되며, 정신적 사랑이 없는 상태에서는 성관계를 삼가야 하며, 성병에 걸려서도 안 된다.

그는 성 윤리가 사회로부터 인정받으려면 미신에 사로잡히지 않고 확실한 과학적 근거가 있어야 한다는 점을 강조한다.

성 문제에도 비즈니스·스포츠·과학 연구 등 다른 인간 활동과 마찬가지로 반드시 윤리가 필요하지만, 제대로 교육받지 못한 사람들의 비상식적인 주장에 휘둘려서는 안 된다. 과학적 근거가 희박한 터부에 휩싸여 어린 시절을 보내면 나이 들어 너그러운 사랑을 경험하기 어렵다.

같은 맥락에서 러셀은 음란물의 범람을 막으려면 규제하는 것보다 개방하는 것이 훨씬 효과적이라고 주장했다. 음란 출판물에 대한 일체의 법률적 규제는 불필요하다며 그 이유를 설명하는 러셀의 논리는 일상의 현실에 기반하고 있다. 음란물은 일시적으로 색정을 자극하겠지만, 완전히 개방해 버리면 얼마 안 가서 자극이 반감되고 무관심해질 것이다. 노골적이며 선정적인 것이라 하더라도 만약 공개되어 있고 부끄러워해야 할 것이 아니라면 남몰래 숨어서 그것을 즐기는 것보다 덜 유해하다. 그는 19세기 영국 남성들에게 여성의 발목이 충분한 자극이 되었지만, 20세기엔 넓적다리까지 보아도 별 자극이 없다는 점을 예로 들었다.

독자 여러분은 어떻게 생각하는가? 어린 자녀가 있다면 어떻게 교육할 것인가? 러셀의 주장에 고개를 끄덕이면서도 막상 자기 아이를 생각하면 괜찮을지 걱정될 것이다. 성적 자기결정권이 보편적 기본권에 속한다지만 아이에게 모든 판단을 맡겨도 될까?

물론 위험과 부작용에 대한 우려가 없을 수는 없다. 하지만 러셀의 주장은 이 시대 젊은 부모나 교육자들에게 시사하는 바가 크다. 지금도 성을 은밀한 것이라 여기며 좁고 어두운 곳에 감춰야 한다는 게 일반적 인식이 아닌가. 조기 성교육이 이뤄지고 있음에도 보수 성향의 부모들은 '쉬쉬' 하는 게 바람직하다는 생각에서 벗어나지 못한다. 그러한 태도가 초래하는 위험이나 부작용이 없다고 단언할 수 있을까?

아직도 성적 억압이나 비밀주의에 매몰돼 있다면 발상의 전환이 필요하다. 위선의 가면을 벗고 진솔한 사랑, 진정한 행복을 찾아 나서야겠다. 철학자 헤르베르트 마르쿠제도 이를 응원하는 듯하다. 그는 누구나 성적 에너지가 억압되지 않고 자유롭게 발현되어야 더 자유롭고 창의적으로 살 수 있다고 했다.

러셀에게 사랑이란?

사랑에 거룩함은 그다지 중요하지 않다

러셀은 케임브리지대학에 재학 중이던 17세 때 재색을 겸비한 다섯 살 연상의 미국인 여성을 만나 첫눈에 반한다. 펜실베이니아주에서 가족과 함께 영국으로 이주해 온 앨리스 스미스였다. 그녀는 주변 사람들로부터 "상상할 수 있는 가장 아름다운 여성" "황후 같은 위엄을 타고난 여성"이라는 평가를 받았다.

러셀의 오랜 구애가 통해, 드디어 결혼하려던 두 사람을 러셀 가문에서 극심히 반대했다. 영국 최고 귀족이 미국 퀘이커교도와 결혼할 수 없다는 주장이었다. 그의 할머니는 손자의 뜻을 꺾으려 두 집안의 가족력을 근거로 삼아 둘 사이에서는 필시 정신 이상인 아기가 태어날 것이라는 의사들의 소견을 제시했다. 거짓 공작이었음에도 러셀은 그것을 믿었다.

우여곡절 끝에 두 사람은 아기를 낳지 않기로 합의하고 결혼을 강행했다. 러셀이 22세, 앨리스는 27세. 자녀보다 사랑을 우위에 둔다는 점에서 당시로서는 획기적인 혼인이었으나, 결혼 생활은 순탄하지 못했다. 앨리스가 금욕주의자라는 게 가장 큰 이유였다. 이혼은 49세 때 했지만, 두 사람은 사실상 39세 무렵부터 남남이었다. 러셀은 이후 세 번 더 결혼했다.

러셀은 사랑을 논하면서 도덕적 의무나 사회 질서보다는 성적 자유와 개방, 개인의 욕망, 양성평등을 중시했다. 그에게 사랑이란 정신적·육체적·지적 만족을 함께 맛볼 수 있는 희열이었기에, 고귀한 사랑이나 거룩한 사랑 같은 것에는 그다지 큰 의미를 부여하지 않았다. 행복감을 느끼는 게 가장 중요할 따름이었다.

결혼과 관련해서는 개인의 자유와 선택을 우선시했다. 그는 사랑이 식어 행복이 보장되지 않는다면 굳이 혼인 관계를 유지할 필요가 없다고 주장했다. 무엇보다 본인이 그 말을 실천했다.

제2장

지식을 탐하라

5.

지식이 없는 사랑은 무력하다: 지식의 힘

전통적 앎을 끊임없이 의심하라

러셀은 인생에서 사랑 못지않게 지식이 중요하다고 설파했다. 그는 사랑과 지식 가운데 하나라도 갖추지 못하면 훌륭한 삶이 될 수 없다고 강조했다.

그가 든 한 사례에 눈길이 간다. 중세시대에 페스트가 발생하자 성직자들은 주민들을 교회로 불러 모아 악령을 쫓아내 달라고 간청하는 기도를 올리도록 했다. 그 때문에 전염병이 빠른 속도로 확산되었는데, 이는 지식 없는 사랑의 대표적인 예다. 반대로 20세기 두 차례 세계대전에서 대규모 죽음을 부른 것은 사랑 없는 지식의 표본이다.

러셀이 보기에 지식이 없는 사랑은 무력하고, 사랑이 없는 지식은 파괴적이었다. 그가 평생 사랑을 추구하는 동시에 강한 열정으로 지식을 탐구한 이유다. 그는 어릴 적부터 지식을 갈망했다. 다섯 살 때는 지구가 둥글다는 말을 처음 듣고 땅바닥에 구멍을 파 대척점인 오스트레일리아로 빠져나가는지 확인해 보려고 했다. 열한 살 때는 형으로부터 유클리드 기하학을 접하고 지적 환희를 경험했다. 그는 자서전에서 그것은 자기 인생의 큰 사건 가운데 하나였고, 마치 첫사랑처럼 매혹적으로 다가왔다며 그것처럼 감미로운 것이 있으리라고는 상상조차 할 수 없었다고 언급했다.

케임브리지대학에서 수학과 철학을 공부한 그는 30대 초반에 기호논리학 연구로 주목받기 시작했고, 30대 후반에는 스승이자 동료인 화이트헤드와 함께『수학 원리』세 권을 완성하여 기호논리학을 집대성하고 탁월한 수리철학자로 명성을 떨쳤다. 또한 러셀이 수학을 매개로 철학을 연구하며 새로이 개척한 분석철학은 과학적 인식과 천문학적 세계관을 토대로 현대 철학에 새로운 지평을 열었다는 평가를 받는다. 그의 지식 편력은 실로 광범위했다. 수학과 철학 말고도 교육학, 역사학, 종교학, 사회학, 천문학, 정치학, 여성학 등에도 폭넓은 학문적 관심을 보이며 수많은 저서를 남겼다. 20세기 최고 지성이라 불리는 이유다.

그의 강렬한 지식 탐구욕은 자서전에 선명하게 드러나 있다. 그는 사람들의 마음을 알아보고 싶었고, 하늘의 별들이 왜 반짝이는지 알아보고 싶었고, 삼라만상의 유전 너머에서 수들이 힘을 발휘한다고 설파한 피타고라스(고대 그리스의 수학자)를 알아보고 싶었다고 했다. 철학, 천문학, 수학에 대한 지대한 관심을 표현한 대목이다.

러셀은 그리하여 많지는 않지만, 약간의 지식을 얻게 되었다고 회고했다. 지나치게 겸손한 표현이지만 스스로 만족할 정도였으니 얼마나 풍요로운 인생인가. 그의 지적 성취를 살피다 보면 지식의 힘과 효용을 새삼 실감한다. 인생의 행복을 위해 멋진 사랑을 가꾸는 일도 일정한 지적 토대 위에서 가능하다는 생각에 자연스레 이르게 된다. 행복한 인생을 살다 간 철학자가 우리에게 남긴 소중한 선물이다.

지식이란 앎을 뜻한다. 사전에서는 '어떤 대상에 대해 배움이나 실천을 통해 알게 된 명확한 인식이나 이해'라고 풀이한다. 지식이 세상살이에 만사형통이라 할 수는 없다. 반드시 도움이 된다고 말할 수 없을 뿐만 아니라, 마이너스가 되는 경우도 종종 있다. '식자우환識字憂患'이나 '모르는 것이 약이다'라는 말은 여전히 유효하고, 성경에서도 '아는 것이 많을수록 고통이 많다'고 한다.

그러나 지식은 십중팔구 유익하다. "아는 것이 힘이다Knowledge is power." 이는 러셀보다 3백 년가량 먼저 살다 간 프랜시스 베이컨의 경험주의 철학을 상징하는 말이다. 인간이 자연을 지배하여 실질적인 이익을 얻으려면 관찰과 실험을 통해 부단히 지식을 쌓아야 한다는 게 베이컨의 지론이었다. 이런 통찰을 가벼이 여겨서는 안 된다. 역사에 이름을 새긴 이들이 지식의 한계를 명확히 인식하면서도 이구동성으로 지식을 찬미하는 데는 그럴 만한 까닭이 있다.

"지식은 우리가 하늘을 나는 날개다."(윌리엄 셰익스피어) "지식은 사랑이자 빛이자 통찰력이다."(헬렌 켈러) "조직적인 지식의 도움이 없으면 선천적인 재능은 무력하다."(허버트 스펜서) "스무 살이든 여든 살이든 나이와 상관없이 배움을 그만두는 사람은 늙은이고, 계속 배우는 사람은 젊은이다."(헨리 포드)

실제로 지식은 성장과 발전, 성공을 이끈다. 또 문제 해결 능력이나 기술 진보의 기초가 된다. 거기다 자기 계발의 원천이며, 세상을 바라보는 인식의 지평을 넓힘으로써 타인과의 소통을 원활하게 한다.

중요한 것은 지식에 대한 욕망이다. 러셀은 기존 지식에 회의를 품는 것이 그 출발점이 되어야 한다고 했다. "진실에 대한 탐구는 그것에 대한 의심으로 시작된다."라고 한 프리드리히 니체의 생각과도 일치한다. 사실 지식으로 여겨지는 것 대부분은 합리적 의심에 언제나 노출되어 있으므로 러셀은 전통적 지식에 확실성을 부여할 필요도 이유도 없다고 보았다. 지식은 끊임없이 의심을 해야 커지니 말이다. 그는 저서 『인기 없는 에세이』(장성주 옮김, 함께읽는책)에서 확실성을 요구하는 것은 인간에게 자연스러운 일이지만, 그것은 지적인 해악이며, 독단주의와 회의주의는 모두 어떤 의미에서 절대적인 철학이라고 했다. 전자는 안다고 확신하고, 후자는 모른다고 확신하기 때문이란다. 그는 또 철학이 쓰러뜨려야 할 것은 지식의 확실성이든 무지의 확실성이든 바로 이 확실성이라고 말했다.

러셀은 특히 과학적 인식에 바탕을 둔 지식 획득을 중시했다. 과학적으로 사물을 보고 평가하는 경험주의 철학의 본령을 여실히 보여 주는 것이라 하겠다. 러셀은 『과학의 미래*The Scientific Outlook*』(석기용 옮김, 열린책들)에서 "과학적인 것이란 경험적인 것이며, 행동적인 것이며, 독단이 아닌 것이다."라고 썼다. 그는 합리적 회의주의자로서, 끊임없이 의심하며 관찰과 경험으로 참된 지식을 얻으라고 당부했다.

그가 관찰을 소홀히 한 그리스 철학자 아리스토텔레스의 게으름을 비판한 대목이 재미있다. 여성의 치아는 남성보다 개수가 적다고 주장한 아리스토텔레스를 향해 결혼을 두 번이나 했으면서도 이 주장을 입증하기 위해 아내의 입안을 한 번도 들여다보지 않았느냐고 지적했다.

나는 지식을 축적하는 또 다른 지름길로 겸손한 태도를 꼽는다. 앎에 대한 교만은 배움을 꺼리게 만든다. 일찍이 공자는 "아는 것을 안다고 하고 모르는 것은 모른다고 하는 것이 곧 앎"이라고 했다. 또 영국 시인 조지 바이런은 "나 자신의 무식을 아는 것이 지식으로 가는 첫걸음"이라고 했다. 세상에 배우고 익힐 것이 얼마나 많은가?

어릴 적에 놓친 세계 명작 동화나 청년기 때 가까이하지 못한 고전 소설을 한참 나이 들어 읽는다고 부끄러워할 필요 없다. 젊은 시절 경험해 보지 못한 클래식 음악을 뒤늦게 찾아 듣는 것도 마찬가지다. 부끄러워하거나 숨기기보다 지금이라도 당당하게 체험하며 쌓아 나가는 것이 지식 탐구자의 바람직한 자세다.

지식 예찬론자인 러셀은 무용해 보이는 사소한 지식조차 즐거움을 줄 수 있다고 말한다. 실용성과 무관한 지식이 선사하는 쾌락이 있으며, 그 환희의 감각이 정신적 경험을 풍성하게 만든다는 것이다. 그는 살구에 대한 자신의 작은 지식을 예로 들었다. 러셀에 따르면 살구의 원산지는 중국 한나라로, 인도와 페르시아를 거쳐 기원후 1세기 로마에 전해졌다. 살구는 계절상 일찍 익는 과일이어서 살구를 뜻하는 영어 단어 'apricot'는 발육이 빠르다는 뜻을 가진 라틴어 'precocious'에서 유래했다(맨 앞의 'a'는 누군가의 실수로 덧붙여졌다). 그는 살구를 먹으면서 재배 전파 경로와 이런 어원을 생각하면 정신적 쾌감을 느낄 수 있다고 했다.

그럴듯하게 들리지 않는가? '잡학다식'의 기쁨이라고 해야겠다. 물론 노력해서 얻은 지식이 아주 귀한 내용이라면 더없이 뿌듯할 것이다. 남들에게 인정받는 즐거움은 누구에게나 큰 법이다. 러셀도 진기한 지식은 불쾌한 것을 덜 불쾌하게 만들 뿐 아니라 즐거운 것을 더 즐겁게 만들어 준다고 했다. 하지만 지식이란 학문적 성과나 과학적 발견 같은 거창한 것만을 뜻하지 않는다. 별것 아니어도 많은 사람이 모르는 것을 배워서 알게 되면 그것이 바로 지식이며, 남들 대부분이 아는 것이라도 내가 몰랐던 거라면 그 또한 마찬가지다.

사소한 지식의 중요성은 여행 중에 자주 확인된다. 중국 쓰촨성 청두[成都]를 방문한다고 치자. 그곳은 1800년 전 삼국시대에 촉나라 수도였던 곳이다. 촉나라를 이끌던 유비와 제갈량의 흔적이 고스란히 남아 있다. 여행 전에 『삼국지』를 한 번이라도 읽어 본 사람과 그렇지 않은 사람이 청두에서 느끼는 감흥의 깊이는 결코 같을 수 없다.

동유럽 오스트리아를 여행한다고 치자. 오랜 기간 유럽을 지배했던 합스부르크 제국의 찬란한 역사와 이름난 예술가들에 대한 지식을 갖춘 사람과 그렇지 않은 사람이 느끼는 감동의 차이는 자못 크다. 기본 지식조차 없는 사람이라면 알프스 언저리 풍광 정도 감상하는 데 만족해야 할 것이다.

아는 만큼 보인다고 했다. 멀리 가지 않고 가까이 국내 여행을 하더라도 여행지에 대해 일정한 지식이 있으면 사랑하는 사람과 유익하고 즐거운 시간을 보낼 수 있다. 사소해 보이는 지식일지언정 함께하는 이들의 경험을 더 풍성하게 만들어 준다.

러셀은 인간애 넘치는 지식인이었다. 지식을 연마하는 데 사랑이 없다면 그다지 큰 의미가 없다고 생각했다. 그는 세상의 그 어떤 것도 사랑 없이는 이뤄질 수 없다면서 지금 여기 지식이 있다 해도 사랑이 없다면 그 지식은 응용할 수 없다고 했다.

사랑과 지식의 아름다운 통합을 부르짖은 사상가, 그것이 러셀이다.

6.

습관의 횡포로부터 사고를 해방하라: 철학적 사색

사색은 삶의 지혜와 마음의 평화를 준다

흔히 철학은 실생활에 유용하지 않다고들 한다. 학문의 황제여도 돈벌이에 직접 도움이 되지 않으니 대학 입시와 취업 전선은 물론 결혼 상대자로서의 조건으로도 홀대 받는다. 그렇게 퇴조하는 인문학의 맨 앞줄에 서 있다.

철학은 억울하다. 가장 먼저 생긴 학문이라 쉼 없이 가지를 뻗어 오다 돈벌이가 될 만하면 흔쾌히 분가시켜 준 것이 죄가 되고 말았다. 천문학, 물리학, 기하학, 생물학 등 자연과학은 모두 철학의 아들딸이다. 요즘 인기 좋은 정신분석학이나 심리학도 마찬가지다. 어떤 사실에 대해 명확한 답을 추구하는 분야는 모두 과학의 영역으로 옮겨 가고, 그럴 수 없는 분야만 철학이라는 이름으로 남았다.

러셀은 『서양의 지혜/철학이란 무엇인가*Wisdom of the West/The Problems of Philosophy*』(정광섭 옮김, 동서문화사)에서 철학의 유용성을 당당하게 외쳤다. "철학은 그것이 제기하는 의문에 대해 진실한 대답이 무엇인지 확실하게 가르쳐주지는 못하지만 우리의 사고를 확대하고 습관의 횡포로부터 사고를 해방시키는 가능성을 갖고 있다." 철학의 가치가 대부분 불확실성 속에 있는 만큼 검증 없이 맹목적으로 믿는 상식, 자기 마음속에 자라 온 확신이나 편견, 습관의 횡포를 물리칠 힘은 오로지 철학에서 얻을 수 있다고 했다.

러셀에 따르면, 철학과 인연을 맺지 않거나 맺지 못한 사람은 평생 각종 편견에 사로잡혀 산다. 그런 이들은 자신을 둘러싼 세상을 너무나 명확하고 자명한 것으로 본다. 그것이 착각에 지나지 않는다는 것도 모른 채 현실에 안주하여 미지의 무한한 가능성을 외면한다. 큰 발전과 성장이 일어나기 어려운 조건이다.

반대로 철학을 한다는 것은 더 높은 차원 또는 넓은 범위의 사유 능력을 발휘한다는 뜻이다. 이러한 능력의 바탕에 깔린 것은 파괴적이고 혁명적인 생각, 기존의 제도나 편안한 습관을 과감하게 깨부수려는 의지다. 철학을 하는 이들은 안정적이며 조용한 균형 상태보다는 불안하며 시끄러운 불균형 상태를 즐긴다. 두말할 필요도 없이 발전과 성장은 이런 사람들에게 돌아간다.

러셀은 전문 지식을 쌓느라 바쁜 젊은이라 할지라도 철학 공부에 조금이라도 시간을 할애하면 자신의 가치를 한층 높일 수 있다고 조언한다. 그는 자신의 저서 『생각을 잃어버린 사회 *Unpopular Essays*』(장석봉 옮김, 21세기북스)에서 철학은 수학과 과학뿐 아니라 중요한 실천적 문제에 대해서도 정확하고 신중하게 생각하는 습관을 길러 주고, 더 넓고 객관적으로 삶의 목적을 바라볼 수 있는 시각을 제공한다고 말했다.

철학을 하는 사람은 지적으로 부지런하다. 이런 사람은 전통적 가치관이나 주의 주장에 매몰되지 않고 지적 자유를 추구한다. 소크라테스는 평생 광장에서 젊은이들에게 질문을 하며 살았다. 임마누엘 칸트는 전문가의 권위에 기대지 말고 스스로 판단하라고 설파했다. 프리드리히 니체는 뭐든지 의심하고 공격했기에 '망치 든 철학자'라 불렸다. 이처럼 철학을 하는 사람은 현재 믿고 따르는 가치 체계에 끊임없이 의문을 제기하며 새로움을 추구하니, 통찰력과 더불어 혁신 의지까지 깃든다.

러셀이 강조하는 것은 사색이다. 철학 책을 많이 읽는 것도 중요하지만 깊은 생각을 많이 하는 것이 더 중요하다는 말, 철학을 '공부'하는 것 못지않게 직접 철학을 '하는' 것이 중요하다는 말로 들린다. 철학적 사색을 즐기면 누구나 꿈꾸는 사람이 된다. 러셀은 철학적 사색을 하면 자기가 아닌 것에서 출발하여 그 위대함으로 자신의 경계를 확대할 수 있다고 말한다. 춥고 험난하더라도 현재에 머물고 싶은 안이한 생각을 버리면 참된 자아가 가리키는 대로 광활한 꿈의 세계로 들어가게 된다는 뜻이다.

꿈은 남이 대신 꿔 줄 수 없다. 꿈이란 자기만의 고유한 생각과 동력으로 작동하는 것이기 때문이다. 꿈꾸는 사람은 현재가 아니라 미래를 도모하고, 남이 아니라 자기 자신으로 살고자 한다. 그는 현재의 제도와 문법을 과감히 벗어던지고 비바람 몰아치는 광야로 나가는 사람, 현재의 문법을 배우고 익히는 데 만족하지 않고 새로운 문법을 만들고자 하는 사람이다. 다수가 생각하는 논리나 이론이 아니라 자신의 호기심이나 궁금증에 의해 앞으로 전진하는 사람이다. 이렇듯 자기 자신으로, 주인공으로 사는 사람은 자기 신뢰와 자기애를 바탕으로 스스로 행복과 성공에 가까이 다가간다.

철학은 상상력과 창의력을 늘어나게 한다. 러셀은 말한다. "철학적 사유는 우리의 생각을 확대하고 지적 상상력을 풍부하게 하며, 우리의 마음을 우주와 통합하게 만든다."(『서양의 지혜/철학이란 무엇인가』) 그렇다. 철학적으로 사색하는 사람은 대답보다는 질문에 익숙하고 또 능하다. 마음의 불편을 극복하고자 호기심을 갖고 끊임없이 질문하기에 자연스럽게 상상력과 창의력이 길러진다.

철학은 지혜로운 삶으로 이끈다. 철학의 영어 표현 'Philosophy'는 지혜를 사랑한다는 의미를 담고 있다. 삶의 지혜를 찾는 학문, 현명해지는 방법을 찾는 공부가 바로 철학이다. 상상력과 창의력의 힘을 이용해 그간 쌓아 온 지식을 삶의 지혜로 승화하는 것이다.

누구나 인정하듯 지혜는 지식보다 한 차원 높은 정신 자산으로, 지식에다 판단력과 예측력을 추가한 개념이라고 보면 된다. 그러므로 지혜를 구하는 데는 '깊은 생각'이 필수다. 일찍이 공자는 지혜를 얻는 방법으로 사색, 모방, 경험이라는 세 가지를 제시했다. 심리학자 리베카 뉴턴은 생각을 확장하기 위한 행동, 지적으로 겸손한 선택, 현명한 습관 함양을 중요하게 꼽았다.

러셀에 따르면, 사색하는 습관은 각종 도그마를 피하고 여러 다양한 관점을 객관적으로 드러냄으로써 모든 의문을 공평하게 고려할 수 있도록 해 준다. 사색을 생활화하면 자신의 관점이 다른 사람의 관점과 충돌할 때에도 어렵지 않게 지적 화해를 도모할 수 있다. 사색하는 습관은 쓸모없는 것처럼 보이는 지식도 유용하게 만들 수 있다.

또 철학적 사색은 마음의 양식을 풍부하게 한다. 사람은 신체의 건강을 위해 음식을 먹어야 하듯 마음에도 양식을 제공해야 한다. 러셀은 실생활에서 마음의 재화는 육체의 재화 이상으로 중요하다고 말한다. 철학의 가치는 한결같이 마음의 재화에서 발견된다.

철학적 생활은 일상적인 생활보다 더 고요하고 자유롭다.

러셀은 우리의 삶이 위대하고, 풍성하고, 자유로워지려면 서둘러 철학적으로 사색할 필요가 있다고 말한다. 철학적 사색은 순수하다. 친구와 적, 도움이 되는 자와 적대적인 자, 선과 악을 구분하지 않고 공평하게 관찰한다. 그리하여 정신 건강에도 도움이 된다. 그는 『생각을 잃어버린 사회』에서 철학은 사고의 대상을 확장함으로써 불안과 고통을 해독해 주고, 고통스럽고 불확실한 세상에서 예민한 정신을 가진 사람들이 평온을 얻을 수 있도록 도와준다고 말한다.

러셀은 철학적 사색을 통해 지혜를 얻고 마음의 평화를 얻는 데 솔선수범한 선배 철학자로 특별히 바뤼흐 스피노자를 꼽았다. 그는 저서 『러셀 서양철학사 *A History of Western Philosophy*』(서상복 옮김, 을유문화사)에서 스피노자는 죽음을 맞으면서도 끝까지 마음의 평정을 유지했다고 평가했다. 『파이돈』에 묘사된 소크라테스처럼 죽음을 앞두고도 전혀 동요하지 않았으며, 보통 때와 똑같이 흥미로운 문제에 관해 대화를 나누었다고 한다. 스피노자는 이렇게 말한 바 있다. "영혼이 자유로운 사람은 죽음을 아무렇지도 않게 생각하며, 죽음이 아니라 삶에 대한 명상을 통해 지혜를 얻는다."

스피노자가 언급했던 '삶에 대한 명상'을 통해 지혜를 얻는 정신 활동은 러셀에게도 중요한 문제였다. 사실 명상은 엄밀히 따지면 철학적 사색과 무관한 영역이다. 철학적 사색이 존재, 삶의 의미 등 학문적 주제를 논리적·비판적으로 탐구하는 것을 목적으로 삼는 데 비해, 명상의 주된 목적은 마음의 평안이기 때문이다. 하지만 자기 자신과 세계를 이해하려는 내적 성찰을 도모한다는 점에서는 무관하다고 말하기 어렵다.

러셀은 현대 사회의 바쁜 일상과 여가의 실종으로 명상이 쇠퇴했다며 안타까워했다. 그 때문에 지식이나 영리함의 증가 속에서도 지혜는 오히려 감소했다. 그는 『런던통신 1931~1935 *Mortals and Others*』(송은경 옮김, 사회평론)에서 지혜는 천천히 생각하는 가운데 한 방울씩 농축되는 것인데, 그 누구도 이와 같이 천천히 생각할 여유가 없다고 말했다.

그렇다. 명상 역시 편안하고 자유로운 마음으로 살아갈 수 있도록 도와주는 정신 훈련인 만큼 마음의 평화와 더불어 삶의 지혜를 구하는 길임에 틀림없다. 그렇다면 우리네 보통 사람들의 일상에서라면 철학적 사색과 명상을 굳이 구별하거나 우선순위를 따질 이유가 없을 것이다. 둘은 친하게 지내면 서로 유익한 이웃사촌이라 하겠다.

7.
자유로운 지성이 두려움을 이긴다: 종교

지성과 영성의 화해를 도모하라

망치를 들고 20세기의 문을 연 철학자 프리드리히 니체는 "신은 죽었다"고 선언했다. "모든 신은 죽었다. 이제 우리는 위버멘쉬가 살기를 바란다. — 이것이 언젠가 위대한 정오에 우리 최후의 의지가 되어야 할 것이다!" 그의 대표작『차라투스트라는 이렇게 말했다』(홍사현 옮김, 을유문화사)에 나오는 대목이다.

카를 마르크스가 종교를 '인민의 아편'이라 규정하고, 찰스 다윈이 진화론을 발표한 데 이어 니체가 신의 존재를 부정하고 나서자 유럽과 미국 사회는 큰 충격에 빠졌다. 이는 2천 년 동안 서구인의 삶과 사상을 지배해 온 신에 의한 인간 창조 이론을 근본부터 뒤흔드는 사건이었다.

　니체의 한 세대 후배 철학자인 러셀도 이어서 모든 종교는 거짓되고 해롭다고 선언했으며, 종교를 질병이며 괴물이라고 규정했다. 그가 보기에 신이 세상을 다스린다는 생각은 더 이상 진실하지도 유용하지도 않았다. 기독교계의 강력한 반발에 부딪쳐 이단자로 몰린 것은 어찌 보면 당연한 수순이었을 것이다.

　러셀은 어쩌다 종교와 신을 부정하게 되었을까? 동시대 영국인 대부분이 성공회나 가톨릭 등 기독교 신자였음에도, 그에게는 좀처럼 믿음이 생기지 않았다. 유아기 때 부모를 잃고 신앙심 깊은 할머니 손에 자라면서 열심히 교회에 다녔지만, 시간이 흐를수록 신의 존재에 회의를 느낄 뿐이었다. 세상만사를 논리적·과학적으로 따지는 철학자 정신이 일찍부터 싹텄기 때문일까?

　18세 무렵 러셀은 철학자 존 스튜어트 밀의 자서전을 읽고 사실상 무신론자가 되었다. 밀의 아버지는 아들에게 이런 가르침을 주었다. '누가 나를 만들었는가?'라는 의문에는 해답이 존재할 수 없다. 그렇게 묻는 즉시 '그럼 하느님은 누가 만들었는가?'라는 보다 심원한 의문이 불가피하게 제기되기 때문이다. 이는 중세 이래 '제1원인론'이라 불리던 신의 존재 증명이 신의 존재를 합리적으로 입증하지 못한다는 의미를 담고 있다. 밀은 러셀이 불과 한 살 때 죽었지만, 그의 대부代父였기에 정신적 영향이 상당했으리라 짐작된다.

러셀은 『나는 왜 기독교인이 아닌가 *Why I am not a Christian*』(송은경 옮김, 사회평론)에서 "모든 것에 원인이 있다고 한다면 하느님에게도 원인이 있어야 한다. 반대로 어떤 것이 원인 없이 존재할 수 있다면 이 세상도 하느님처럼 원인 없이 존재할 수 있어야 한다. 그러므로 이제 제1원인론은 아무 타당성도 없다"라는 논리를 전개한다.

성인이 된 이후 죽는 날까지 러셀은 단 한 번도 종교를 갖지 않았고 더 나아가 종교, 특히 기독교의 폐해를 신랄하게 고발하고 나섰다. 그는 기독교가 긴 세월 동안 세상에 수많은 해악을 끼쳤다는 데 초점을 맞추었다. 기독교가 도덕률의 원천임은 분명하나 실제로는 사랑과 정반대의 길을 걸어왔다는 것이다. 중세 교회의 타락과 잔학무도한 행위, 특히 이단자와 마녀를 사냥하여 화형한 일은 씻을 수 없는 과오였다. 십자군 전쟁과 신·구교의 종교전쟁도 하느님의 가르침에 위배되었다.

그가 보기에 기독교는 합리성 결여로 인해 과학 발전과 현대 교육에 걸림돌이 되었으며, 전쟁의 근본 원인을 제거하려는 노력도 방해했다. 이혼과 산아제한을 반대하는 가톨릭 교리는 반사회적, 반인권적이었다. 지나친 엄숙주의를 앞세워 '사랑의 기교'에 대한 지식을 모조리 배격함으로써 성생활의 행복을 막은 것도 큰 해악이었다.

기독교 역사를 되짚어 보면 이런 주장은 상당 부분 수긍이 간다. 중세 기독교의 폐해는 현대 기독교 성직자들도 대부분 인정하는 바다. 백 년 전까지도 그 부정적 잔재가 엄연히 남아 있었다는 점에서 그의 비판은 지극히 합리적인 문제 제기였다고 할 수 있다. 표현이 지나치게 과격한 나머지 어쩔 수 없이 사회 기득권층과 신앙인들에게 반감을 사기는 했지만 말이다.

러셀은 공포나 두려움이 종교적 독단의 기반이라고 규정했다. 자연에 대한 공포, 신비한 것에 대한 두려움, 죽음에 대한 공포, 패배에 대한 불안 등이 종교를 부른다는 것이다. 그는 지성을 갖추면 공포나 두려움에서 얼마든지 벗어날 수 있다고 주장한다.

그는 행복을 바란다면 종교에 의지할 것이 아니라 나날이 발전하는 과학과 지성을 믿는 것이 더 좋다고 했다. 이제 더이상 가상의 후원자를 찾아 두리번거리지 말자며 하늘에 있는 후원자를 만들어 낼 것이 아니라 이곳 땅에서 우리 자신의 힘에 의지하는 게 좋겠다고 말했다. 그는 또 오래전 무식한 사람들이 내뱉은 말들로 자유로운 지성에 족쇄를 채우는 짓은 필요 없다며, 이 순간 두려움 없는 직시와 자유로운 지성이 절실히 요구된다고 진단했다.

종교에 대한 러셀의 이런 입장은 철학자로서 자연스러운 태도일 것이다. 믿음을 바탕으로 하는 종교와 달리 철학은 회의와 파괴, 반성을 기둥으로 삼는다. 둘은 근본적으로 불편한 관계일 수밖에 없다. "아는 것이 힘이다"라는 철학자 프랜시스 베이컨의 말은 당대에 다분히 혁명적이고 파괴적인 것으로 받아들여졌다. 모든 사람이 신의 은총이야말로 인간의 힘을 결정 짓는다고 말할 때 베이컨은 홀로 지식이 그것을 결정 짓는다고 했다. 철학자에게 지적 증명은 믿음에 선행할 수밖에 없는 것이다.

하지만 인간 사회에서 종교는 불가사의한 힘을 발휘한다. 20세기 들어 과학이 급속도로 발전하며 종교가 크게 위축될 것으로 예상됐지만 현실은 달랐다. 특히 다윈의 진화론이 부상했음에도 창조론을 기반으로 삼는 기독교는 20세기 후반까지 신자가 오히려 늘어났다. 최근 들어 젊은이들을 중심으로 종교 무관심층이 확대되고 있으나 기독교, 이슬람교, 불교, 힌두교 등 고등 종교가 가까운 장래에 사라질 기미는 별로 없다. 전 세계 인구의 약 80퍼센트는 여전히 종교를 믿는다.

지금 이 순간에도 많은 과학자와 철학자들이 종교의 아성을 깨뜨리려 하지만, 한편으로 지성을 넘어 영성을 찾으려는 지식인 또한 적지 않다. 그 이유는 뭘까? 과학과 이성의 한계를 몸소 체험하기 때문일 것이다. 종교적 신앙을 갖지 않았던 알베르트 아인슈타인도 우주 질서와 자연의 아름다움에서 신의 존재를 느낀다고 고백했다. 기독교가 역사적 반성과 함께 뼈를 깎는 자기 쇄신으로 변모해 온 것도 그 흐름에 일정한 영향을 미쳤을 것이다.

러셀 역시 평생 종교와 거리를 두고 살았지만 완전한 무신론자라고 보기는 어렵다. 신에 대한 그의 정확한 인식은 신이 존재하는지 아닌지 알 수 없다는 것이다. 철학에서는 '불가지론'이라고 부른다. 신을 인정하고 믿으려면 그 존재에 대한 명백하고도 합리적인 증거가 필요한데 자신이 그 증거를 찾을 수 없다는 것이다. 마찬가지로 신이 존재하지 않는다는 증거 또한 찾을 수 없다는 것이 그의 일관된 입장이다.

러셀은 개인적 믿음, 신학, 교회 등 기독교의 세 요소 가운데 역사적으로 가장 많은 해악을 끼친 요소로 교회를 꼽았다. 제도로서의 교회에 지나치게 권위를 부여한 나머지 이성적·합리적 근거도 없이 많은 사람이 박해당했다는 것이다.

그가 가장 중요한 요소로 꼽은 것은 개인적 믿음이다. 러셀은 종교적 구원을 받으려면 교회가 아니라 개인적 믿음에 비중을 두고 살아야 한다고 했다. 자기를 비우고 포기하면 유한한 인간이 무한한 우주로 나아갈 수 있고, 자기 내면에 대한 성찰과 이웃 사랑, 진리 추구, 세상에 대한 연민으로 행복을 구현할 수 있기 때문이다.

모든 종교의 황금률을 한마디로 요약하면 사랑으로 귀결된다. 프란치스코 교황은 무신론자인 언론인이 "신이 자신을 믿지 않는 사람들도 용서할까?"라고 묻자 이렇게 대답했다. "신의 자비에는 한계가 없다. 신에 대한 믿음이 없으면 양심에 따라 행동하면 된다." 교황의 대답을 서로 다른 종교 간, 그리고 종교인과 비종교인 간의 사랑과 화합을 염두에 둔 말로 이해하고 싶다. 예나 지금이나 자기 종교가 가장 훌륭하다고 우기는 것은 난센스다. 그 바탕에는 타 종교에 대한 무지와 증오심이 깔려 있다. 이러한 배타성을 넘어서면 종교가 구현하는 진리는 결국 하나, 사랑임을 알 수 있다. 종교가 여러 갈래로 나뉘어 있지만, 사랑의 진리를 찾아가는 길이 조금씩 다를 뿐이다. 사랑이란 배려와 포용, 용서의 다른 이름일 것이다. 역사적으로 비판받아 온 종교의 폐해 역시 사랑이라는 황금률을 지키지 않은 데서 비롯됐다. 종교를 가진 사람이 타인에 대한 배려와 포용으로 사랑을 실천한다면 구원은 그리 멀지 않을 것이다.

이런 측면에서 보면 종교는 과학이나 이성과도 얼마든지 공존할 수 있다. 나는 러셀과 비슷한 시기에 활동한 프랑스 철학자 테야르 드 샤르댕의 창조론적 진화론을 좋아한다. 샤르댕은 가톨릭 사제이면서 저명한 지질학자이자 고생물학자였다. 그가 제창한 '오메가 포인트Omega point'라는 활력주의 이념은 우주가 궁극적으로 신성과 일치하는 높은 지점으로 진화한다고 본다. 신학, 철학, 과학의 경계를 넘나드는 그의 지적 편력에 독자 여러분도 동참해 보길 권한다.

샤르댕의 이론을 따라가다 보면, 과학은 과학이고 종교는 종교라는 생각으로 족하다는 느낌이 든다. 신학도 진화론도 어느 한쪽이 다른 쪽을 완전히 배척할 수 없는 게 엄연한 현실이다. 서로의 입장을 이해하고 존중하는 태도를 유지한다면 양자 사이의 대립이나 갈등을 극복할 수 있으며, 더 나아가 상호 비판과 성찰을 통해 각자의 오류와 미신을 정화해 나감으로써 함께 성숙해 갈 수도 있다.

러셀은 기독교를 줄기차게 비판하면서도 내심 초월적인 존재를 찾으려고 애썼다. 자신이 무신론자라기보다 불가지론자에 가깝다는 입장을 고수한 것은 그래서일 것이다. 지성과 영성의 화해를 도모하는 것이 그의 지향점이자 속마음이었는지도 모른다.

8.

쾌락으로 역사를 읽어라: 역사 공부

전기나 회고록은 인물 독서의 완결판이다

"현명한 사람은 역사에서 배우지만, 어리석은 사람은 자기 경험만 믿는다." 영국 역사학자 아널드 토인비의 말이다. 공부나 독서에서 역사만큼 중요한 것이 또 있을까? 경제나 과학, 문학, 예술도 중요하지만 역사만큼의 무게를 지닌다고 보기는 어렵다고 나는 감히 주장한다. 역사는 우리보다 먼저 살다 간 사람들의 경험으로부터 인생의 참된 지혜를 무궁무진 길어 올릴 수 있는 우물이기 때문이다.

그리하여 동서양을 막론하고 학교에서는 역사를 필수 과목으로 지정하고, 식견 있는 어른들은 아이들에게 역사 읽기를 애써 권장한다. 역사 속 훌륭한 인물들의 삶, 즉 그들의 선택과 결과를 깊이 헤아린다면 내 인생의 답을 한결 수월하게 찾을 수 있다. 또한 실패나 불행을 경험한 이들의 삶을 반면교사로 삼을 수도 있다. 『로마제국 쇠망사』(송은주 외 옮김, 민음사)를 쓴 에드워드 기번이 "역사는 단순한 과거의 기록이 아니라 미래를 비추는 거울"이라고 설파한 이유다.

하지만 역사 공부는 쉽지 않다. 중요한 줄 알면서도 가까이 다가가기 어렵다. 소설가 조정래는 "역사에서 배운다라는 말은 멋지긴 하지만 정작 배우는 사람은 아무도 없는 것 같다."라고 『정글만리』(해냄)에서 언급하기도 했다. 그렇다. 역사 애호가가 적지 않다지만 대다수는 읽기나 배움을 외면하는 게 현실이다. 왜 그런 걸까?

가장 큰 이유는 분량이 워낙 방대하기 때문이다. 학창 시절 국사나 세계사를 공부할 때 많은 사람이 학습량이 많아 어려움을 겪는다. 독자 여러분도 인명이나 지명, 사건, 연도를 외우느라 진저리 친 경험이 있을 것이다. 외우고 잊어버리기를 반복하다 보면 지치기 일쑤다. 역사가 대표적 암기 과목으로 꼽히는 이유다. 이런 기억 때문에 나이 들어서도 역사와 좀처럼 가까워지지 못한다.

이는 비단 한국만의 이야기가 아니라 영국도 마찬가지였던 모양이다. 러셀은 1943년에 출간한 책 『러셀의 시선으로 세계사를 즐기다 *How to Read and Understand History*』(박상익 옮김, 푸른역사)에서 역사 교육 현장의 이런 문제점을 짚었다. 중·고교 과정에서는 상급 학교 입시에 필요하기 때문에 주입식·암기

식 학습에 치중한다. 너나 할 것 없이 질려 버린다. 대학에 진학하면 두 가지 방향으로 수업이 이뤄진다. 하나는 개론 수준의 강의여서 학점 이수에 필요한 만큼만 배우는데, 중·고교 시절과 별반 차이가 없다. 또 하나는 평생 역사를 전공하고 가르칠 사람들을 대상으로 하는 고급 강의여서 비전공 학생들의 흥미를 끌기 어렵다.

현재 우리나라 상황과 흡사하다는 게 흥미롭다. 철학이나 수학 못지않게 역사에도 관심이 많았던 러셀은 이런 역사 공부 양극화 현실을 안타깝게 여겨 '쾌락으로서의 역사 읽기'를 주창했다. 그는 『러셀의 시선으로 세계사를 즐기다』에서 "만일 역사를 즐기지 않는다면 역사의 모든 효용들은 무의미해진다. 그것은 음악, 미술, 시의 경우에도 마찬가지다. 의무감 때문에, 또는 교양을 쌓기 위해 마지못해 역사를 공부한다면 그것들이 제공하는 것을 얻지 못할 것이다"라며 역사를 즐거운 마음으로 읽지 않으면 시간 낭비일 뿐 유용하지 않다고 했다. 그러면서 그는 셰익스피어를 예로 들었다. 셰익스피어는 독자들에게 기쁨을 주기 위해 글을 썼다. 따라서 시에 감각이 있는 학생이라면 셰익스피어의 작품으로 큰 기쁨을 얻을 것이다. 만일 셰익스피어가 기쁨을 주지 못하는 학생이라면 읽기를 강요할 필요가 없다. 러셀이 규정하는바, 후자는 셰익스피어에 대한 모독이며, 학생 인격에 대한 무례다.

역사는 호기심을 유발하며 무한한 상상력을 북돋운다. 독일 역사학자 테오도르 몸젠은 이렇게 말했다. "상상력은 시의 어머니이기도 하지만, 역사의 어머니이기도 하다." 하지만 읽는 과정이 지루하고 즐겁지 않다면 역사적 인물이나 사건을 접하면서 상상의 나래를 한껏 펼 수 없다. 교육 문제에 관심이 많았던 러셀은 어른들보다 상상력이 훨씬 더 풍부한 아이들이 가급적 재미를 만끽하며 역사를 읽도록 가르쳐야 한다고 강조했다.

역사를 재미있게 읽는 방법으로 러셀이 제안한 것은 역사적 인물의 전기나 회고록 섭렵하기다. 이런 책들은 내용이 딱딱한 학습용 역사책과 다르다. 시대 흐름이나 사건 전개 과정을 이해하는 것도 중요하지만, 특정 인물을 세밀하게 알아가는 과정도 더없이 흥미롭다. 독서 애호가들이 많이 경험하듯, 주인공의 생각이나 언행을 속속들이 파악할 수 있기에 전기나 회고록 읽기는 독서의 완결판이라 할 만하다. 주인공의 삶을 추적하다 보면 그가 살았던 시대의 모습도 눈앞에 절로 그려진다.

이런 관점에서 저술한 러셀의 역사책에서는 그가 파악한 걸출한 인물들의 실체를 접하는 재미가 쏠쏠하다. 그는 스피노자와 링컨의 경우 공부하면 할수록 위대함이 더욱 또렷해지지만, 나폴레옹은 우스꽝스러운 인물임을 알게 된다고 서술했다.

언젠가 나폴레옹은 외무장관 탈레랑에게 절름발이라고 조

롱하는가 하면 부정한 아내를 두었다고 비웃기도 했다. 나폴레옹이 자리를 뜨자 탈레랑은 "저토록 위대한 사람이 저렇게 예의가 없으니 참으로 안타깝다."라고 탄식했다. 나폴레옹이 러시아 황제 알렉산드르 1세와 주고받은 편지를 읽어 보면 그의 허장성세가 드러난다. 러셀이 보기에, 그가 신화적인 인물이 된 것은 역사가들이 나폴레옹의 이런 모습을 밝히지 않은 탓이었다.

괴테와 베토벤 이야기도 있다. 둘은 사이가 꽤 좋았을 것 같지만 전혀 그렇지 않았단다. 베토벤이 괴테가 고위 공직을 맡고 있던 바이마르 공국을 방문했을 때 괴테는 그에게 궁중 예절을 가르치려 했고, 이에 화가 난 베토벤은 제멋대로 행동했다.

또한 러셀은 알렉산드로스 대왕과 그의 황태자 시절 가정교사였던 아리스토텔레스에 관한 역사 왜곡이 심하다고 지적했다. 알렉산드로스가 스승으로부터 많은 영향을 받은 것으로 알려져 있지만, 두 사람은 서로 심하게 미워했다. 알렉산드로스가 아리스토텔레스에게 보낸 것으로 알려진 편지는 모두 가짜다.

내 경험으로도 역사 인물에 관한 독서는 대체로 재미있고 유익하다. 시간적으로도 공간적으로도 멀리 떨어진 이에게서 내 모습을 발견할 수 있다는 점은 언제나 신기하다. 역사적 인물이 선택의 기로에 섰을 때 나는 과연 어떻게 행동했을지

가늠해 보는 즐거움도 자못 크다.

예를 들어, 정도전의 전기나 평전을 읽는다고 치자. 그는 왜 존경하던 선배 정몽주와 정치 행보를 함께하지 못했을까? 그는 왜 목숨을 걸면서까지 최고 실세인 이방원을 견제했을까? 피살되던 날 밤 마음만 먹었다면 얼마든지 몸을 피할 수 있었을 텐데……

이번엔 처칠의 자서전을 읽는다고 하자. 그토록 명석한 사람이 삼수를 하고서야 겨우 육군사관학교에 입학했을 만큼 수학을 못했다니, 무슨 이유라도 있을까? 초급 장교 시절 부모 인맥을 동원하면서까지 애써 전쟁터를 찾아다녔다는데 죽음이 두렵지는 않았을까? 그가 아프리카 전쟁터에서 포로로 잡히던 위기의 순간에 나라면 어떤 선택을 했을까? 평생 운동은 하지 않고 죽는 날까지 술과 담배를 즐겼음에도 90세까지 장수할 수 있었던 비결은 뭘까?

역사 인물 독서는 곧잘 가지를 뻗어 나간다. 정도전을 읽다 보면 이성계나 이방원, 김종서에게 새로운 호기심이 생긴다. 처칠에서 출발해 히틀러나 아이젠하워, 몽고메리에게 시선이 닿기도 한다. 이렇게 해서 역사 읽기에 폭과 깊이가 더해진다.

러셀이 인물 중심 역사 읽기의 효용을 강조했다고 해서 거시적 역사 발전 과정에 비중을 두지 않은 것은 아니다. 그는 역사를 읽는 최고의 쾌락은 특정한 시대를 정확히 알고 난 다음에야 찾아온다고 했다. 그렇게 해야 조각 그림 맞추기 퍼즐에서 새로운 사실들이 제자리를 찾을 수 있기 때문이다.

이런 역사 읽기에도 쾌락이 존재함을 간과해서는 안 된다. 러셀의 가르침을 따른다면 역사는 더 이상 천덕꾸러기 암기 과목이 아니다. 인기 영화나 소설보다 더 드라마틱하게 다가올 수도 있다. 『러셀의 시선으로 세계사를 즐기다』에 나오는 이 문장이 러셀의 주장을 잘 정리해 준다.

"역사는 최소한의 분량이라도 가능한 유쾌하고 즐겁게 읽어야 한다."

9.

사실과 감정의 정곡을 찔러라: 글쓰기

폭넓은 독서로 지적 근육을 키워야 한다

러셀은 시인도 소설가도 아니면서 1950년 노벨 문학상을 받았다. 3년 뒤 정치인이면서 노벨 문학상을 받은 처칠과 유사한 케이스다. 다양하고도 중요한 저술을 통해 인도주의적 이상과 사상의 자유를 옹호하는 데 크게 기여한 점이 주된 수상 이유로 꼽힌다.

철학자이자 수학자의 길을 걷던 러셀은 40대 초반 발발한 제1차 세계대전을 계기로 실천적 지식인으로 변신했다. 세계 인권운동 및 평화운동에 뛰어든 것이다. 철학과 수학 이외 사회 전반에 대해 본격적으로 글을 쓰기 시작한 것은 이 무렵이다. 정치·교육·예술·과학·종교·여성·윤리 등을 주제로 신문과 잡지에 끊임없이 글을 썼으며, 죽는 날까지 70여 권의 저서를 남겼다.

글쓰기는 그에게 존재 이유나 다름없었다. 학술 연구 결과뿐만 아니라 세상을 향해 하고 싶은 이야기는 뭐든 글로 발표해야 직성이 풀렸다. '나는 쓴다, 고로 존재한다'라는 말이 딱 어울린다. 일부 글이 특정 이해 집단과 마찰을 빚어 여러 불이익을 겪기도 했지만, 소신에 찬 그의 펜은 아무도 멈추게 할 수 없었다.

열정적인 문필가였던 러셀은 하루 평균 3천 단어 이상의 글을 썼다. 만약 그가 대학 교수로서 학술 논문 작성에만 주력하고 대중적 글쓰기에 소극적이었다면 20세기를 대표하는 지성으로 자리매김하지 못했을지도 모른다. 그는 다방면에 걸쳐 왕성한 글쓰기를 이어 갔기에 사상적으로 크게 성장할 수 있었다. 위대한 사상가 러셀을 만든 것은 글쓰기라 해도 틀리지 않는다.

글쓰기는 러셀 같은 위대한 사람이 아니더라도 누구에게나 필요하고 중요하다. 무엇보다 자기 발견에 큰 도움이 된다. 자신이 어떤 사람이며, 무엇을 좋아하고, 어떤 능력이 있으며, 앞으로 어떤 사람이 되고 싶은지 정확히 파악하려면 글을 써 봐야 한다. 대학 입시나 취업을 준비하며 자기소개서를 제대로 써 본 사람은 대부분 동의할 것이다.

대입 수험생의 경우 자기소개서를 쓰다 보면 학창 시절에 어떤 경험을 쌓았고, 어떤 공부가 가장 재미있었는지, 대학에서 어떤 공부를 하고 싶은지 자연스럽게 드러난다. 취업 준비생의 경우 고교나 대학에서 무슨 공부를 어느 수준까지 했으며, 사회에 나가 진정으로 어떤 일을 하고 싶은지 내 현주소를 파악할 수 있다. 대학이나 직장에 명문名文을 제출하겠답시고 자기소개서 작성을 남에게 맡기는 것은 어리석은 일이다. 인생의 중대한 기로에서 자기 발견의 기회를 놓치게 된다. 문장력에 자신이 없더라도 본인이 직접 써 봐야 제때에 '참 나'를 발견할 수 있다.

애써 글쓰기 훈련을 하지 않으면 타인의 생각을 그대로 받아들이고 의존하는 수동적 존재가 되기 쉽다. "글쓰기를 잘 못하는 사람들은 생각도 잘 못한다. 생각을 잘 못하면 남들이 대신 생각해 줘야 한다." 소설가 조지 오웰의 경고다. 능력과 관계없이 귀찮다는 이유로 글쓰기를 하지 않는 사람도 별반 다를 게 없다. 오웰의 말을 이렇게 바꿀 수 있겠다. '글쓰기를 하지 않는 사람들은 생각도 하지 않는다. 생각을 하지 않으면 남들이 대신 생각해 줘야 한다.' 꾸준한 글쓰기는 이런 의존에서 벗어나게 해 준다. 글을 쓰는 과정 자체가 생각을 명료하게 만들고, 스스로 판단하는 힘을 길러 주기 때문이다.

글쓰기는 자기 발전, 자기 성장에도 더없이 중요하다. 우리는 지금 자기 발전을 위해 억지로라도 글쓰기를 하지 않으면 안 되는 세상에 살고 있다. 문학적 글쓰기는 시인이나 소설가의 특별한 영역이라고 치더라도 논리적 글쓰기는 남녀노소,

직업과 상관없이 누구나 해야 한다. 초등학생이 쓰는 독후감, 중·고교생의 수행 평가와 논술 시험, 대학생의 리포트와 자기소개서, 석·박사 논문, 상품 사용 설명서, 업무 기획서, 조사 보고서, 계약서, 회의록, 연애편지, 보도 자료, 판결문 등등. 세상이 온통 글쓰기를 강요하고 있다고 해도 과언이 아니다.

과학기술 발전과 정보혁명이 가속화하면 글쓰기가 필요 없어질 거라고 예상하는 사람이 더러 있지만 그렇기는커녕 정반대일 수도 있다. 정보 기술혁명으로 글의 유통을 제한하는 장벽이 완전히 사라지는 세상을 상상해 보라. 지구촌에 흩어져 사는 수많은 사람으로부터 이해와 공감을 얻는 글을 쓸 수 있는 사람은 별다른 밑천 없이도 큰 결실을 거둘 수 있을 것이다. AI 시대가 본 궤도에 오르더라도 글쓰기의 효용은 떨어지지 않는다. AI 기술은 인간이 요구하는 문장을 빠른 속도로 그럴듯하게 만들어 줄지언정 나의 생각을 정의하고 설계하는 일까지 대신해 주지는 못한다. 어느 시점에서 무엇을 말하고 주장해야 할지 결정하는 것은 어디까지나 인간의 몫이다.

글쓰기에서 또 빼놓을 수 없는 것은 자기 치유 효과다. 감정을 정리해 표현하는 과정에서 스트레스나 슬픔이 줄어들고 자신감이 회복된다. 트라우마를 겪은 사람이 고통스러운 경험을 글로 풀어낼 때 그것은 심리적 안정을 되찾는 통로가 되기도 한다. 미국 심리학자 제임스 페네베이커는 자기를 표현하는 글쓰기 훈련이 면역 체계를 개선하고 우울증을 완화한다는 연구 결과를 내놓았다. "글쓰기는 우리가 억눌린 감정을 해소하고 내면의 질서를 찾는 과정이 된다."

삶이 고통스러울 때 일기를 써 본 사람은 안다. "나는 글을 씀으로써 모든 것을 털어놓을 수 있다. 내 마음속 모든 고통을 종이에 적으면 내 슬픔이 줄어드는 것 같다." 나치 치하에서 『안네의 일기』를 남긴 소녀 안네 프랭크의 고백이다.

글쓰기 재능을 타고 난 사람도 있으나 대부분은 노력의 산물이다. 설령 타고난 사람이라 해도 꾸준히 갈고 닦지 않으면 성장이 멈추고 무뎌진다. 글을 잘 쓰는 최고의 비결은 누가 뭐래도 독서다. 단순히 글쓰기 기술만 익혀서는 일정 수준 이상 도달하기 어렵다. 훌륭한 글을 쓰려면 누구든 콘텐츠가 풍부해야 한다. 지식과 정보, 자료 독해 능력, 논리적이고 아름다운 문장 구성 능력은 대부분 외부로부터 습득되며, 가장 효과적인 경로는 바로 책이다.

그렇다. 책은 글쓰기에 필요한 영감과 재료가 가득 담긴 창고이자 마르지 않는 샘물이다. 누구나 글을 잘 쓰려면 독서를 통해 지적 근육을 키워야 한다. 책을 많이 읽지 않고 글쓰기를 잘할 수 있는 비결은 세상에 없다. 글쓰기를 잘하려면 독서광이 되어야 한다. 독서광이라고 모두 잘 쓰는 것은 아니지만 독서광이 아니면서 잘 쓰는 사람은 드물다. 독서와 글쓰기는 한 몸이다.

러셀도 독서광이었다. 그는 조실부모하고 조부모 집에서

성장했는데, 그곳에는 좋은 책이 넘쳐났다. 러셀이 여섯 살 때 사망한 할아버지는 일찍이 수상을 지낸 정치계 원로였다. 그는 할아버지 서재에서 셰익스피어, 밀턴, 드라이든, 오스틴의 작품을 만날 수 있었고, 할머니를 찾아오는 당대의 저명한 문필가들과 대화할 수도 있었다. 할머니는 어린 손자의 건강을 염려해 이따금 독서를 말려야 했다.

청소년 시절 문학과 함께 수학·철학·종교·사회학·정치학·자연과학 분야의 책을 두루 섭렵한 그는 대학에 진학하자마자 본격적인 학문의 길로 들어섰다. 대학을 갓 졸업한 24세 어린 나이에 『독일 사회민주주의』라는 책을 출간할 수 있었던 것도 폭넓은 독서 덕분이었다. 이 책은 과학과 정치, 경제 지식이 어우러진 수작으로 평가받았다.

러셀의 글은 읽기가 쉽다. 수학과 논리학 저술을 제외하면 누구나 가까이할 만하다. 어떤 주제를 다루든 문장이 간결해 사실과 감정의 정곡을 찌른다. 또한 수학 공식처럼 논리가 명쾌하고 문체가 깔끔해 이해하기 쉽다. 대표작에 속하는 『행복의 정복』『결혼과 도덕에 관한 10가지 철학적 성찰』『러셀 서양철학사』 등의 책을 펴 보면 그가 철학 대중화에 기여했다고 평가받는 이유를 금세 알 수 있다.

또한 그의 글은 진솔하고 위트가 넘친다. 특히 신문이나 잡지에 쓴 짧은 에세이를 보면 동네 아저씨가 편안하게 들려주는 이야기처럼 인간미 넘친다. 러셀은 괜한 엄숙주의를 경계했다. 『나는 무엇을 보았는가*Berttrand Russell's Best*』(이순희 옮김, 비아북)에서 그는 "나는 근엄하게 굴어야만 진지한 사람으로 대접받는 것을 좋아하지 않는다."라고 말하기도 했다. 언행이든 글쓰기든 폼 잡고 엄숙하게 하지 않겠다는 철학자의 다짐을 담고 있다. 러셀의 글이 지닌 감칠맛은 이런 태도에서 배어난 것인지도 모른다. 러셀의 책을 번역하는 작가들이 이구동성으로 영어 원서를 구해 읽어 보라고 권하는 이유도 그 때문이다.

러셀은 여러 글에서 독자의 이해를 돕기 위해 비유나 예시를 많이 동원하는데, 이는 신약성경 속 예수의 말들을 연상케 한다. 나는 그러한 비유나 예시를 독자에 대한 배려와 사랑의 표현으로 받아들인다. '개미와 성당' 비유를 보자. 그는 개미가 성당 위를 지나가면서 그 건축물의 웅장함과 설계 의도를 이해할 리 없다고 했다. 이 비유를 통해 그는 인간 지성의 한계를 짚는 동시에, 과학적 탐구의 중요성을 강조했다. 철학에서 귀납적 추론 방식의 불안전함을 주장하면서는 농장에 사는 닭을 예로 들었다. 러셀에 따르면, 닭은 농부가 매일 자신에게 먹이를 준다는 사실을 관찰하고 '농부가 항상 나를 먹여 준다'라는 결론을 내린다. 그런데 어느 날 농부가 요리를 위해 자신을 잡으러 온다면 닭의 경험론적 결론은 단번에 무너지게 된다.

나는 러셀의 책을 읽을 때마다 훌륭한 글쓰기의 전범典範을 만났다는 느낌을 받는다. 특히 애매하거나 어려운 문제를 쉽고도 간결하게 풀어 쓰는 능력이 탁월하다. 그의 "모호함은 철학에서 가장 큰 적이다. 명확하고 단순하게 표현할 수 없는 생각은 제대로 이해되지 않은 것이다"라는 말을 다시 한번 음미해 본다. 글 쓰는 사람은 누구나 본받아야 할 말이다.

러셀에게 지식이란?

지식과 감정적 만족을 조화시켜라

러셀은 지식을 통한 '행복 찾기'를 고민한 철학자다. 그는 지식이 반드시 행복을 보장하지는 않지만 올바르게 사용하면 도움이 된다고 했으며, 스스로 이를 증명하려고 애썼다.

그는 무지無知에서 비롯되는 미신이나 불안, 두려움이 인간을 억압한다고 규정했다. 과학적 사고와 합리적 태도로 무장한 지식은 이런 억압에서 벗어나도록 도와줄 수 있다. 특히 행복에 큰 도움이 되는 것은 지식의 상징이라 할 철학이다. 철학적 사색은 인간의 지적 경계를 무한정 확장해 편견과 독선에서 해방시켜 주기 때문이다.

그렇다고 해서 지식이 행복의 필수조건은 아니다. 그는 오히려 지식이 해가 될 수도 있다고 보았다. 지나치게 많은 지식은 불안과 두려움을 증가시키기 때문이다. 지식이 없으면 세상의 여러 문제나 고통을 애초에 인식하지 못하기에, 우울감이나 좌절감도 생기지 않을 것이다.

그렇다면 어느 길로 가는 것이 좋을까? 이 지점에서 러셀은 지식의 '이타적 활용'을 제안한다. 이기적인 목적으로 지식을 추구할 것이 아니라 이웃과 공동체를 위해 그것을 사용하겠다는 태도로 산다면 반드시 행복에 이를 수 있다는 것이다. 즉 지식과 감정적 만족이 조화를 이루는 삶의 방식이다.

러셀이 종교와 역사 등 다양한 분야의 글쓰기를 시도한 것은 지식의 이런 긍정적 기능을 염두에 두었기 때문일 것이다. 철학자의 딱딱한 갑옷을 벗어젖히고 대중의 공감을 얻는 글쓰기에 힘쓴 것은 세상을 위해 지식을 적극적으로 활용하려는 실천이라 하겠다. 세상 사람들이 러셀에게서 얻는 지식은 다분히 살아 움직이는 것이기에 그들의 삶을 이끄는 지혜가 될 것이다. 이런 점에서 러셀은 지식의 이타적 활용에 성공한 사람이다. 이 때문이라도 나는 그가 진실로 행복했으리라 장담한다.

러셀이 보기에
지식이 없는 사랑은
무력하고,
사랑이 없는 지식은
파괴적이었다.

제3장

자녀를 제대로 교육하라

10.

부모의 권력욕이 자녀를 망친다: 자율

혼자 할 수 있는 일을 대신 해 주지 마라

부모의 자녀 사랑은 고결하고 위대하다. 남녀 간의 사랑은 서로 주고받는 것이어야 행복하다. 그러나 부모의 자녀 사랑은 일방적인 것이라도 얼마든지 행복할 수 있다. 조건도 시한도 없다. 자녀를 위해서라면 가진 것 모두 내어줄 수도 있다. 부모에게는 그 자체로 행복이기 때문이다. 동서고금을 막론하고 그렇다.

하지만 세상 부모들 중에는 자녀 사랑, 자녀 교육에 서투른 사람이 참 많다. 자녀를 성공과 행복으로 이끌면서 서로 아름다운 관계도 맺기를 바라지만 뜻대로 되지 않아 안타까워하는 부모를 흔하게 본다. 왜 그럴까? 아일랜드 작가 조지 버나드 쇼의 이 말에 답이 있는 듯하다. "부모는 하나의 중요한 직업이다. 그러나 여태까지 자녀를 위해 이 직업의 적성검사가 행해진 적은 한 번도 없다.”

그렇다. 이 세상 대부분의 부모는 자녀 교육과 관련해 아무런 훈련도 받지 않고 아기를 갖는다. 의학 발전 덕분에 건강 측면에서는 걱정을 크게 덜었지만, 교육적으로는 여전히 부족하다. 러셀은 이 점에 주목하고 교육철학 연구와 저술에 심혈을 기울였다. 존 로크나 장 자크 루소 못지않게 교육에 열정을 쏟았던 그는 저서 『행복의 정복』에서 바람직한 부모 자녀 관계에 대해 전향적인 의견을 제시했다. 자녀에게는 자율과 자유, 독립성을 부여해야만 성공으로 이끌 수 있고 또 부모 자녀가 함께 행복할 수도 있다는 주장이다. 그의 교육철학을 관통하는 말이다. 아무리 어린 자녀라도 사랑한다는 이유로 부모가 함부로 권력을 행사해서는 안 된다는 점이 핵심이다.

러셀의 이런 주장은 부모는 권력을 행사하는 존재고, 자녀는 그에 순종하는 것이 당연하게 인식되던 백 년 전 시대상을 감안하면 가히 획기적이다. 그는 이런 예를 들었다. 혼자 힘으로 밥을 떠먹을 수 있는 아이에게 수고를 덜어 준다는 이유로 어른이 대신 밥을 먹여 준다고 치자. 이는 아이의 행복을 위한다기보다 어른의 권력욕에서 나온 행동이다. 부모와 조부모 모두에게 해당되는 이야기다. 오늘날 우리 가정에서도 흔히 볼 수 있는 장면 아닌가? 어른 입장에선 사랑을 듬뿍 담은 행동으로 착각하기 쉬우나 혼자 힘으로 먹을 수 있는 아기의 벅찬 성취나 기쁨을 빼앗는 행위일 수 있다. 보통 사람들이 생각하기 힘든, 철학자의 예리한 통찰이 담긴 분석이다.

그의 분석은 우리나라에서도 높게 평가받는 '몬테소리 교육법'을 연상케 한다. 러셀과 동시대를 살았던 교육학자 마리아 몬테소리는 교육에서 자율성과 독립성을 강조했다. 모든 아이에게는 스스로 배울 의사와 능력이 있다는 것이 핵심 개념이다. "교육의 목표는 아이가 독립적인 존재로 성장하도록 돕는 것이다." "아이가 스스로 할 수 있는 일을 대신해 주지 마라."

러셀은 아이에게 각종 위험에 대한 강박 관념을 심어 주는 것도 부모 욕심에서 기인한다고 지적한다. 아이가 자기한테 계속 의존하도록 만들려는 권력욕의 표현이라는 것이다. 이 또한 보통의 부모들이 간파하기 어려운 부분이다. 그는 자녀의 행복을 위해서라는 명목으로 이렇게 하라 저렇게 하라 권력을 행사하지 않는 것이 좋다고 말한다. 그러면 자녀가 반발할 일도, 부모가 실망할 이유도 없으니 부모 자녀 관계가 원만할 것이다. 러셀은 이런 관계가 되기 위해서는 처음부터 부모가 자녀의 인격과 능력을 존중하는 마음 자세를 갖되 그것이 소유욕이나 억압이 뿌리내리지 못할 정도로 확고한 신념에 기반해야 한다고 강조한다.

부모의 자녀 사랑이 아무리 고결하다 해도 소유욕이 침범하면 그 사랑은 활력을 잃는다. 부모의 소유욕은 어느 정도는 불가피한 현상이지만, 그 바탕에 이기적인 마음을 깔고 있는 만큼 가급적 멀리해야 한다는 것이 러셀의 판단이다. 만약 자녀를 소유물처럼 여겨 폭군처럼 군림하다 반발을 사고, 그로 인해 억울함마저 느끼게 된다면 그 가정의 행복은 기대하기 어려울 것이다.

러셀이 세심한 배려, 존중과 더불어 강조한 것은 독립성으로, 부모는 자녀가 가급적 빨리 혼자 살아갈 수 있도록 준비시켜야 한다고 본다. 부모와 자녀가 언젠가는 다른 가정을 꾸려야 한다는 점에서 어쩌면 당연하다 하겠다. 하지만 이런 조언을 제대로 이해하고 이행하는 일은 말처럼 쉽지 않아서, 그로 인해 갈등을 겪는 부모 자녀가 우리 주변에 적지 않다. 따지고 보면 십중팔구 부모 책임이라고 해야겠다. 사랑과 소유욕을 구별하지 못해 자녀를 독립적 인격체로 받아들이지 못하는 것이다.

가장 많이 부딪히는 문제는 역시 학업과 진로다. 지금 당장 학원에 갈 것인가 축구를 더 할 것인가, 유망한 학과에 진학할 것인가 좋아하는 공부를 할 수 있는 학과에 갈 것인가, 취업할 것인가 대학이나 대학원에 진학할 것인가……. 충돌이 발생할 지점은 부지기수로 많다. 부모가 권력욕을 거둬들이지 않는 한 자녀가 서른, 마흔이 되어도 부딪힐 것이다. 그런 세월을 겪으며 자녀는 불만 속에 방황하게 되고, 부모 자녀 관계는 돌이킬 수 없는 갈등과 불화로 치닫게 된다.

정부 교육혁신위원장을 지낸 전성은의 진단은 오랜 교단 경험(거창고 교사)에서 우러나온 것이라 꽤 설득력 있게 들린다.『왜 부모는 자녀를 불행하게 만드는가』(메디치미디어)라는 도발적인 제목의 책에서 그는 "문제아라고 불리는 아이들의 원인 제공자가 부모 아닌 경우를 본 적이 없다."라고 했다. 그는 적어도 학교에는 문제아는 없고 '문제 부모'만 있을 뿐이라고 주장한다.

책에서 전성은은 '자녀의 인생을 설계하지 마라'를 부모의 제1 계명으로 삼으라고 말한다. 조금 무책임한 말일 수도 있고, 부모 입장에서 서운하게 들릴 수도 있겠다. 하지만 부모의 애정 담긴 관심조차 정도가 심하면 불필요한 간섭이 될 수 있음을 암시한다는 점에서 의미 있는 조언이다.

시인 칼릴 지브란도 이 점을 중요하게 보았다. 그는『예언자』에서 자녀가 부모의 소유물이 아님을 특별히 강조했다. 부모는 자녀에게 사랑을 줄 수 있지만 생각을 강요할 수 없는 것이다. "여러분은 그들의 육체를 위해 집을 줄 수는 있지만 그들의 영혼을 위해 그렇게 할 수는 없다. 그들의 영혼은 여러분이 꿈길에서도 가 볼 수 없는 내일의 집에 머무르고 있기 때문이다."

가만히 생각해 보면, 자녀에 대한 부모의 관심과 개입은 대부분 일방적인 것이다. 자녀가 원하는지 원하지 않는지 물어

보지도 않고 당연한 것처럼 판단하고 행동에 옮긴다. 부모 자녀의 몸과 마음이 하나가 아니라 독립된 존재라면 어떤 형식으로든 상대방 의견을 물어봐야 하지 않겠는가?

자녀의 독립성을 보장하는 일은 아무리 강조해도 지나치지 않다. 자녀가 부모에게 오랜 기간 종속적인 존재로 남아 있기를 바라는 것은 어리석은 생각이 아닐 수 없다. 관심이든 간섭이든 자녀가 필요 없다고 하면 지체 없이 물러서는 게 옳다. 아이가 제때 독립심을 기르지 못하는 경우 성장기나 그 이후 또래 집단에서 소외될 수 있다. 사이비 종교와 같은 반사회적 집단의 희생물이 되지 말란 법도 없다.

러셀은 자녀가 독립심을 갖고 조기에 홀로서기를 할 수 있으려면 어릴 때부터 용기를 심어 주고, 자유로운 분위기를 조성하는 것이 중요하다고 말한다. 평소 공포심을 심어 준다든가 '금지'라는 말을 남용하는 것은 금물이다. 러셀의 이런 교육론은 얼핏 루소 스타일의 자유방임주의를 연상케 하지만 둘은 전혀 다르다. 그는 당시 영국 학교의 규율 중시 교육에 반대하면서도 방임 교육의 위험성도 자주 지적했다. 부모나 교사가 권위를 앞세워 아이를 억누를 경우 노예 근성을 갖거나 반항아가 될 수 있고, 제멋대로 행동하도록 놔둘 경우 불량배가 될 수 있기 때문에 양자 모두 바람직하지 않다고 지적했다.

러셀은 좋은 교육을 위한 최고의 방책으로 사랑을 꼽았다.

부모가 자유로운 환경에서 소유욕 없이 진실한 사랑을 베풀면 성격 교육과 지식 교육을 동시에 성공시킬 수 있다. 이에 반드시 필요한 것은 부모 자녀 사이의 신뢰다. 부모가 모범이 되지 않으면 안 된다. 사랑스런 표정, 진실한 대화, 속 깊은 이해, 솔직한 사과, 일관된 언행으로 자녀를 따뜻하게 품어 안아야 한다.

11.

호기심은 지적 생활의 본능적 기초다: 호기심 끊임없이 질문하게 하라

그리스 철학자 아리스토텔레스는 "호기심이야말로 인간을 인간이게 하는 특성"이라고 했다. 새롭고 신기한 것을 좋아하거나 모르는 것을 알고 싶어 하는 마음이 있기에 인간이라는 뜻이다.

호기심이 그토록 중요한 것은 미지의 세계를 향한 지식 탐구욕의 원천이자 기반이기 때문이다. 호기심이 있기에 탐구하고 싶은 마음이 싹트고, 그것이 있기에 연구와 발명을 통한 인류 문명 발전이 가능하다. 러셀은 저서 『러셀의 교육론*On Education*』(안인희 옮김, 서광사)에서 지성 함양이라는 중요한 교육 목표를 달성하는 데 호기심보다 중요한 것은 없다며 다음과 같이 강조했다. "지적 생활의 본능적 기초는 호기심이다.

호기심은 초보적 단계에서는 동물에게도 있는 것이다. 지성은 활발한 호기심을 요구한다."

출세한 사람들의 어린 시절을 추적해 보면 대부분 호기심이 충만한 아이였음을 확인할 수 있다. 러셀 자신도 그러했다. 5세 때 지구가 둥글다는 말을 처음 듣고 도무지 믿기지 않았던 러셀은 마당에 구멍을 파 실제로 반대편 오스트레일리아가 나오는지 확인하려고 했다. 그가 어려서부터 수학에 남달리 관심이 많았던 것도 절대적 지식에 대한 호기심 때문이었다.

제인 구달이 닭의 알 낳는 순간을 제 눈으로 확인하려고 냄새 나는 닭장 속에 숨어 몇 시간이나 지켜본 것, 토머스 에디슨이 닭 대신 자신이 알을 품어 병아리를 부화하려고 시도한 것, 오토 릴리엔탈이 날갯짓의 공기역학에 주목하며 황새를 유심히 관찰한 것 등은 모두 어린 시절의 비범한 호기심에서 비롯된 사례다.

어떤 분야에서든 큰 성과를 올리는 데 호기심이 중요하다는 것은 틀림없는 사실이다. 호기심은 삶에 창의성과 열정을 더하기에 우수한 두뇌 못지않게 중요하다. 위인들이 남긴 다음과 같은 말은 결코 허언이 아니다.

"나는 천재가 아니다. 다만 호기심이 많을 뿐이다."(알베르트 아인슈타인) "우리는 계속 앞으로 나아가며 새로운 문을 열고 새로운 것을 시도한다. 우리는 호기심 있는 동물이며, 호기심이 우리를 새로운 길로 끊임없이 인도하기 때문이다."(월트 디즈니) "호기심은 모든 지적 성장의 씨앗이다."(존 듀이) "가장 위대한 업적은 '왜'라는 아이 같은 호기심에서 탄생한다. 마음속 어린아이를 포기해선 안 된다."(스티븐 스필버그)

러셀은 어린 자녀의 호기심을 중시한다면 어떤 질문이든 막지 말고 받아 주라고 했다. 질문의 양이 곧 호기심의 양이기 때문에 질문을 차단하는 일은 호기심을 억압하는 일이다. 부모가 아는 내용이라면 가능한 한 상세하게 설명해 주는 것이 마땅하다. 질문과 답변 과정에서 또 다른 호기심이 생기면 더없이 좋은 일이다.

인간은 질문하는 동물이다. 질문을 멈춘 사람은 비록 살아 있더라도 성장이 중지된 삶을 살 따름이다. 질문을 전혀 하지 않는 아이를 상상해 보라. 이런 아이는 호기심이 없는 것이며, 이는 곧 정신적 성장 욕구의 부재를 뜻한다.

초대 문화부 장관을 지낸 작가 이어령은 어린 시절 자기 별명이 '질문 대장'이었노라고 말했다. 그는 우리나라 교육 현장에 질문이 없는 것을 무척 안타까워했다. "근대에 와서 서양 문명이 동양 문명을 제압한 가장 큰 무기는 거함이나 거포가 아니라 알파벳 문장의 맨 끝에 적힌 물음표였다. 우리에게는 대화 문화, 의문과 질문을 나타내는 물음표 문화가 부족했다."

질문은 정보와 지식을 얻는 가장 효과적인 방법이다. 누구든 질문을 해야 답을 얻을 수 있다. 질문을 많이 하는 사람일

수록 많은 답을 얻고, 가장 훌륭한 답은 가장 훌륭하게 질문하는 사람의 몫이다. 취재를 잘하는 신문기자, 뛰어난 인터뷰어란 당연히 질문을 잘하는 사람이다. 사실 질문을 제대로 할 수만 있다면 원하는 모든 것을 알아낼 수 있다. 질문을 잘하는 능력은 AI 시대에 더 중요할 수 있다.

혹시 어린 자녀가 질문을 전혀 하지 않거나 꺼린다면 질문하는 방법을 가르쳐야 한다. 호기심이 없어서가 아니라 질문하는 방법을 모르거나 성격이 지나치게 소극적인 탓일 수도 있다. 질문을 자주 해야 사고에 자극을 받아 새로운 질문이 이어지며 그 속에서 호기심도 살아난다.

그런데 아이의 호기심이 불건전하거나 사회적으로 바람직하지 않은 쪽으로 향한다면 어떻게 할 것인가? 이런 경우에도 계속 호기심을 북돋워 줄 것인가? 세상의 모든 부모가 한 번쯤 고민하고 걱정하는 문제다. 이에 대한 러셀의 처방은 확고하다. 막무가내로 금지하거나 도덕적으로 위협하는 것은 올바른 처방이 아니다. 건강하고 유익한 호기심조차 단번에 차단할 것이기 때문이다.

러셀은 이런 경우 금지할 것이 아니라 거꾸로 정보와 지식을 피곤하고 싫증날 만큼 많이 제공하는 편이 낫다고 했다. 아이가 더 이상 알고 싶은 것이 없도록 만들라는 것이다. 대표적인 것이 음란물에 대한 호기심이다. 음란물에 대해 금지하고 꾸지람할 경우 불건전한 호기심이 더 커진다는 사실을 부모들은 명심해야 한다.

다만 호기심이 도를 넘어 집착에 이를 경우 병적인 것으로 판단하고 의사의 도움을 받는 것이 바람직하다. 이 경우에도 의사의 치료법은 금지나 꾸중이 아니라 질릴 정도의 과다한 정보 제공이어야 한다고 러셀은 조언했다. 아이의 특별한 관심과 흥미를 병적인 것이 아니라 과학적인 것으로 만들어야 한다.

러셀은 호기심이 훌륭한 결실을 맺으려면 지식 획득 기술을 익혀야 한다고 했다. 그가 제시하는 기술은 네 가지다. 첫 번째 관찰하는 습관은 구달이나 릴리엔탈의 어린 시절처럼 호기심이 진화해 가는 기초적 단계다. 호기심이 있다면 누구나 자세히 관찰하고 싶은 욕구가 생길 것이다. 어른들이 관심을 북돋워 주는 것이 중요하다.

호기심이 빛을 발하려면 현재 지닌 지식에 대한 신념이 굳건해야 한다. 이것이 두 번째다. 주변 사람들이 무책임하게 내뱉는 말에 쉽게 흔들리지 않아야 한다. 아직 옳은 지식인지 아닌지 확신할 수 없는 단계더라도 자기 신념이 분명하다면 지적 성취로 나아갈 가능성이 크다. 러셀은 관찰을 이어가고 신념을 지키려면 인내심을 가져야 한다고 했다. 이것이 세 번째다. 무슨 일이든 참을성이 없으면 중도에 포기하기 마련이다.

마지막은 근면성이다. 남다른 호기심을 느끼는 분야라면 물이 나올 때까지 부지런히, 끝까지 우물을 파 볼 가치가 있다. 아무리 두뇌가 뛰어나더라도 호기심에 근면성이 뒷받침 되지 않으면 의미 있는 지적 결실을 얻기 어렵다.

호기심은 누구나 아동기를 지나 나이가 들면 점차 줄어든 다. "호기심에는 연령 제한이 없다"라는 말도 있지만, 이는 그 저 나이 든 사람들을 위로하는 말일 뿐이라고 생각한다. 러셀 의 생각도 다르지 않다. 그는 나이가 들면 지적 충동과 갈망이 점차 줄어들다 마침내 익숙하지 않은 것에 대해 혐오감을 느 끼고, 자세히 알아보고 싶은 마음을 잃는다고 했다. "이 단계 가 바로 '세상이 개판이다. 우리가 젊었을 때와는 딴판'이라는 소리가 나오는 때이다. 그러나 옛날과 전혀 다르다는 것은 그 말을 하는 사람의 호기심이 없다는 말이다."(『러셀의 교육론』)

우리는 죽는 날까지 호기심을 유지하려고 애써 노력해야겠 다. 호기심을 갖고 살아야 나이 들어도 늙지 않는다. 청년이 라도 호기심이 없으면 노인이고, 노인이라도 호기심이 있으 면 청년인 법이다. 정신적 활력과 함께 모든 지적 발전이 호 기심에 의해 결정되기 때문이다.

러셀은 특히 '이해관계를 떠난 호기심'에 주목했다. 아동기 를 지나면서 호기심의 범위나 강도가 줄어들더라도 보편적 진리에 대한 관심처럼 그 질을 발전시킬 수 있다. 어릴 때는 개별적인 진리, 즉 자기 자신의 성공이나 행복을 위한 지식에 비중을 두지만 나이 들면서는 세상에 대한 사랑과 연민으로 넓혀 갈 수 있다는 것이다. 러셀은 보편성의 정도가 클수록 그 속에 포함된 지성의 가치가 높다고 했다. 이런 지성을 추구하는 호기심이야말로 순수하며, 자신의 수학 사랑이 여기에 해당한다고 평가했다. 거침없던 그의 세계 평화운동도 마찬가지가 아니었을까 싶다. 이런 점에서 그는 죽는 날까지 호기심을 갖고 살았다고 할 수 있다.

호기심이 있는 사람은 무료하지 않다. 심심해할 이유도 없고 그럴 시간도 없다. 우울에 잠기거나 남과 다툴 일도 없다. 새롭고 신기한 것을 좋아하고, 모르는 것을 알고 싶어 하는 마음을 간직한 사람은 아직 성장하는 존재다. 러셀은 그런 사람은 곧 열린 마음의 소유자라면서, 열린 마음은 지식에 대한 욕망이 순수할 때 항상 존재하는 속성이라고 했다.

12.

일관된 진정성으로 신뢰를 쌓아라: 정직

거짓말은 두려움의 산물, 징벌이 능사는 아니다

거짓 없이 바르고 곧은 심성, 즉 정직한 마음가짐은 가장 확실한 지혜이자 최고의 처세술이다. 성공과 행복의 원천이라고도 할 수 있다. 정직한 사람은 스스로 당당하기 때문에 자존감을 갖고 산다. 마음의 평화와 만족감이 자존감을 안정적으로 지탱해 주기 때문이다. 당연히 일상에서 자신감이 넘친다.

정직한 마음은 또 인간관계에서 신뢰를 구축하는 데 탁월한 역할을 한다. 공감·이해·배려·손숭의 심성 넉분에 타인과의 의사소통이 원활해지고, 간혹 오해나 갈등이 생기더라도 평소 쌓은 믿음을 바탕으로 어렵지 않게 헤쳐 나갈 수 있다. 학교에서, 가정에서 정직을 교육의 주요 지표로 삼는 이유다.

반대로 거짓된 언행은 세상살이에 전혀 도움이 되지 않는다. 남을 속여 잠시 권력이나 부를 취할 수 있다 해도 그 끝이 좋기는 어렵다. 마음이 불안해 스스로 불행해질 가능성도 높다. 양심에 반하기 때문이다. 그럼에도 거짓 행보를 계속해 나가는 것은 어리석음 이외에 아무것도 아니다.

어릴 적 배운 거짓 언행은 십중팔구 나이 들어서까지 이어진다. 거짓말은 나쁜 버릇이자 고치기 힘든 습관이기 때문이다. 세 살 버릇 여든 간다는 속담처럼, 한 번 몸에 밴 나쁜 습성은 쉽게 사라지지 않는다. 학창 시절 시험 때마다 커닝하는 아이, 새치기를 밥 먹듯 하는 아이는 거짓 심성의 소유자다. 이런 아이는 나이 들어 각종 사기 행렬에 끼어들 가능성이 높다. 예컨대 갚을 마음도 없으면서 큰돈을 빌리는 것처럼 말이다. 한국의 범죄 발생 현황에서 사기가 1위를 차지하고, 사기 고소 고발 사건이 다른 나라에 비해 많은 편이라는 사실은 안타까운 일이다.

삶에서 정직함과 거짓 언행은 성공과 실패, 행복과 불행을 확연히 가른다. 정직에 관한 수많은 금언이 전해 내려오는 이유다.

"거짓말로 땅 끝까지 갈 수 있지만, 다시 돌아오지는 못한다. 거짓말은 그 말 한 사람의 눈빛을 비천하게 한다."(안톤 체호프) "모든 사람을 잠시 속일 수 있고, 일부 사람을 줄곧 속일 수 있지만, 모든 사람을 줄곧 속일 수는 없다."(에이브러햄 링

컨) "거짓말쟁이가 받는 가장 큰 벌은 그 사람이 진실을 말했을 때 다른 사람들이 믿어 주지 않는다는 것이다."(『탈무드』) "사람이 정직하게 말하는 것은 무엇 때문인가? 신이 거짓말을 금지했기 때문이 아니다. 거짓말을 하지 않는 것이 마음 편하기 때문이다."(프리드리히 니체) "거짓은 한 다리로 서지만 진실은 두 다리로 선다."(벤저민 프랭클린) "한 가지 거짓말을 참말처럼 하기 위해서는 항상 일곱 가지 거짓말을 해야 한다."(마르틴 루터)

러셀도 정직한 삶을 중시했으며, 교육론을 저술하면서 '진정성'을 다룬 장에서 어린아이가 거짓말하는 이유와 거짓말하지 않도록 키우는 방법을 상세하게 기술했다. 거짓말에 대한 철학자의 관찰과 분석이 무척 예리하다. 러셀에 따르면, 아무런 두려움 없이 자란 아이는 정직하다. 거짓말할 필요도 이유도 없기 때문이다. 정직이란 도덕적 노력에 의해 생겨난 특별한 심성이 아니라 겉으로 드러난 실제 현상 이외에는 아무것도 모르기에 존재하는 순수한 마음이다. 평소 친절하게 대접받고 자란 아이는 솔직한 눈빛을 지니고 있으며, 전혀 모르는 사람도 겁내지 않고 대한다. 반면 아이의 거짓말은 모두 공포의 산물이다. 기본적으로 두려움이 거짓말을 부른다. 평소 부모에게 잔소리를 많이 듣거나 심하게 다루어진 아이는 야단맞지나 않을까 하는 두려움 때문에 자연스러운 행동 속에서도 규칙을 어겼을까 봐 자주 겁을 먹는다. 이런 아이는 규칙 위반을 자각하는 순간 이를 모면하기 위해 거짓말을 내뱉을 가능성이 있다.

러셀이 제시하는 가장 좋은 거짓말 예방책은 부모의 엄격하고도 일관된 진정성이다. 여기서 진정성이란 말과 행동이 일치하고, 아이한테 보여 주는 태도가 꾸밈없이 정직하며, 아이를 하나의 독립된 인격체로 존중하는 것을 말한다. 부모가 진정성을 갖고 아이를 대하면 아이 또한 자신을 솔직하게 탐색하고 표현하는 습관을 익히게 된다. 이에 반해 거짓말이 죄악이라고 가르치는 부모의 경우, 거짓 언행이 아이한테 알려졌다간 부모의 모든 도덕적 권위가 무너지고 만다.

이와 관련해 러셀은 아이가 묻는 질문마다 부모는 상세하고도 정직하게 대답해 주어야 한다고 했다. 억압받지 않고 자란 아이는 원래 끊임없이 질문하는 법이다. 성 문제나 종교, 죽음, 전쟁, 사형 등 어렵고 거북한 질문에 대해서도 진정성을 갖고 숨김없이 대답해 주는 것이 중요하다.

부모의 관심과 노력에도 불구하고 아이가 거짓말을 일삼는다면 어떻게 해야 할까? 당연히 부모가 책임지고 그 원인을 제거해야 한다. 거짓말하는 것이 왜 좋지 않은지 부드럽고도 이치에 맞게 설명해 주되, 아이에게는 두려움이 거짓말의 동력이 된다는 것을 인식해야 한다. 징벌은 문제 해결에 도움이 되지 않는다는 사실을 되새겨야 함은 물론이다.

러셀은 징벌이란 두려움을 증가시켜 또 다른 거짓말의 원인을 제공할 뿐이라고 강조한다. 특히 실천하지도 못할 큰 벌을 주겠다고 아이를 위협하는 것이 최악이다. 만약 벌을 줌으로써 거짓말하는 습관을 고칠 수 있다고 확신하더라도 실행 가능한 벌을 준비해야지, 허풍이 먹혀들어 실행할 필요가 없으리라는 행운을 바라서는 안 된다. 그런 일이 반복되면 아이가 어른들의 위협이나 조언을 완전히 불신하게 될 수도 있다.

자연주의 교육철학을 설파한 장 자크 루소의 처방도 이와 크게 다르지 않아 보인다. 그는 저서 『에밀』에서 어린아이가 거짓말하지 않도록 하는 데 강압적인 처벌은 결코 도움이 되지 않는다고 했다. 그리고 아이들은 처벌을 피하기 위해 더 능숙한 거짓말을 배우기 마련이므로 그보다는 자신의 거짓말로 인해 신뢰를 잃게 된다는 사실을 자연스럽게 경험하도록 가르치라고 조언했다. 반대로, 정직한 말이 긍정적인 결과로 돌아오는 경험을 쌓게 하는 것도 중요하다고 하겠다.

러셀은 위선적인 사회에서는 부모의 진정성이 간혹 장애가 될 수도 있겠지만, 아이에게 두려움을 주지 않는다는 이점 하나만으로도 충분히 보상된다고 했다. 자기 아이가 정직하고 솔직하고 자존감 있는 사람으로 성장할 수만 있다면 그것으로 성공이라는 것이다. 부모 자녀 간의 관계가 원만해지는 것은 덤이다.

그렇다. 삶에서 정직의 중요성은 아무리 강조해도 지나치지 않다. 러셀이 살았던 영국 사회의 속담 한마디가 이를 단적으로 말해 주는 듯하다. "하루가 행복하려면 이발을 해라. 일주일 동안 행복하려면 결혼을 해라. 한 달 동안 행복하려면 말을 사라. 한 해를 행복하게 지내려면 새 집을 지어라. 그러나 평생 행복하게 지내려면 정직해라."

13.

최초의 습관은 본능만큼 중요하다: 좋은 습관

습관이 성격을, 성격이 운명을 좌우한다

"행동은 습관을 형성하고, 습관은 성격을 결정한다. 그리고 성격은 우리의 운명을 굳힌다." 미국 신학자 트라이언 에드워즈가 한 말이다. 누구나 좋은 습관을 들여야 훌륭한 성격의 소유자가 되고, 그런 사람이라야 멋진 운명을 개척해 나갈 수 있다는 뜻이다. 사람의 운명, 즉 생사존망에 관한 처지가 습관에 달렸다.

습관의 출발점은 어디일까? 불교의 『법구경』에 답이 보인다. "생각은 말로 나타나고, 말은 행동으로 표현되고, 행동은 습관으로 발전한다. 습관이 굳어지면 성격이 된다." 트라이언 에드워즈의 말과 비슷한 맥락이다. 생각이 습관의 뿌리임을 짚어 준다. 사람은 생각으로부터 습관을 만들어 가기 시작한다.

생각은 갓 태어난 신생아도 할 수 있으니 결국 습관은 출생 순간부터 형성되기 시작한다고 봐야겠다. 러셀은 교육에서 습관의 중요성을 강조하며, 특히 신생아를 포함한 유아기 때 첫 습관을 잘 들여야 한다고 역설했다. 유아기 때 처음 획득하는 습관은 놀랄 만큼 빠르게 형성되기 때문에 특히 유의해야 한다. 그는 『러셀의 교육론』에서 "유아기에 몸에 배인 습관은 커서 마치 본능인 것처럼 느껴진다"라며, 이 시기에 형성되는 습관의 영향력이 '본능과 맞먹을 정도'라고 표현했다. 생애 초기에 얻은 나쁜 습관은 나중에 좋은 습관을 형성하는 데 큰 방해가 된다.

그는 교육론을 통해 우는 아기를 대하면서 무시하는 것과 응석을 받아주는 것 사이에 미묘한 균형이 필요하다고 했다. 부모는 건강에 필요한 모든 조건을 갖춰 줘야 하고 바람막이가 되어 줘야 하지만, 정당한 신체적 어려움이 없는데도 울 경우에는 그냥 내버려둬야 한다. 그렇지 않으면 아기는 폭군으로 자라게 되기 때문이다.

즉 아기에게 꼭 필요한 것은 해 줘야겠지만, 지나친 동정은 금물이다. 아기가 당장 어른의 습관을 가질 수는 없다. 하지만 연약하다고 해서 아기를 단순히 반려동물처럼 다루면 안 되며, 언젠가 어른이 될 존재로 여기고 어른의 좋은 습관을 익히는 데 장애가 되는 일은 부모가 처음부터 하지 말아야 한다는 게 러셀의 강조점이다.

러셀은 습관이 성격을 결정하기 때문에 출생과 동시에 성격 교육을 시작하는 것이 바람직하다고 말한다. 성격은 대략 6세 이전에 완성되며, 이 시기에 들이는 좋은 습관은 대부분의 도덕적 판단을 거의 자동적으로 이끌어 낸다. 이는 학업을 본격화하는 초등학교 입학 이전 시기인 만큼 가정과 부모의 역할이 무엇보다 중요하다.

어느 가정 할 것 없이 아기한테 좋은 습관을 들이는 일은 어렵다. 부모가 세심하게 관심을 유지하는 일이 쉽지 않을뿐더러 그렇게 한다고 해서 반드시 좋은 습관이 생기는 것도 아니다. 설령 좋은 습관이 생겼다가도 생활환경 변화로 금방 빛을 잃기도 한다. 더구나 습관은 성장을 거듭하면서 끊임없이 새로 생겨난다. 일상의 모든 행동이 습관이라 할 정도다. 수면 습관, 식습관, 공부 습관, 운동 습관, 언어 습관, 소비 습관, 운전 습관……. 살아가면서 각자 익히는 삶의 방식 전부라 해도 과하지 않다.

어떤 것이 좋은 습관일까? 일찍 자고 일찍 일어나기, 삼시 세끼 규칙적으로 먹기, 정해진 시간에 부지런히 공부하기, 하루 30분씩 독서하기, 정기적으로 운동하기, 또박또박 말하기, 절약하기, 양보 운전하기, 잘 웃기, 남의 말 경청하기, 인사 잘하기 등등의 습관을 가진 사람을 누가 싫어하겠는가? 그는 성공과 행복의 지름길에 들어섰다고 해야겠다.

반대로 나쁜 습관을 살펴보자. 해야 할 일 미루기, 약속 시간에 늦기, 늦잠 자기, 야식 자주 먹기, 정리정돈 안 하기, 짜증내기, 대화 중 남의 말 끊기, 뒷담화하기, 운전 중 욕하기, 공동체 일에 게으름 피우기, 틈만 나면 스마트폰 보기, 과식, 과음, 흡연……. 이런 습관은 사소한 것 같지만 남들에게 좋지 않은 인상을 주거나 자기 자신에게 나쁜 영향을 끼친다.

문제는 좋은 습관 들이기, 나쁜 습관 고치기가 결코 쉽지 않다는 사실이다. 세상 모든 사람이 시도하지만 성공하는 사람보다 실패하는 사람이 더 많다. 특히 나쁜 습관은 특징적인 생각이나 말, 행동이 꾸준히 누적된 결과여서 일회적인 의지나 결심만으로는 부족하다. 크건 작건 반복적으로 유혹을 떨쳐 내야 하고, 수고도 많이 든다. "좋은 습관은 모두 유혹을 물리친 결과다"라는 서양 속담은 그래서 생겼을 것이다. 실패를 거듭하다 보면 결국 포기하기 십상이며, 포기하는 사람은 자기 운명을 멋지게 개척해 나가는 데 한계를 드러낸다. 주어진 운명을 바꿀 수 없으니 마음에 들지 않아도 참고 살아야 한다. 더 큰 사랑, 더 큰 성공, 더 큰 행복은 단념해 버린다.

사실 그렇게 살아도 큰 문제는 없다. 인생은 자기 생각하기 나름이라고 했으니 말이다. 하지만 초기에 익힌 좋은 습관으로 평생 행복하게 살 수 있다면 이보다 보람 있는 투자가 어디 있겠는가? "인생에서 두 번째 반평생은 첫 번째 반평생에서 생긴 습관으로 구성된다." 소설가 표도르 도스토옙스키의 말이다.

하기 싫은 일이라도 인내심을 갖고 꾸준히 해야 좋은 습관이 생긴다는 것쯤은 누구나 안다. 예를 들어 아침 운동 습관을 들이고 싶다면 일찍 일어나기 싫어도 일어나지 않으면 안 된다. 더 자고 싶은 유혹을 떨치고 이부자리를 박차고 나와야 한다. 이를 습관이 될 만큼 굳히려면 당연히 지속적으로 해야 한다. 그런데 얼마나 지속해야 습관으로 굳어질까? 평균 66일 동안 이어 가야 한다는 연구가 있다. 자기 관리 능력에 따라 최소 18일 만에 습관이 되는 사람이 있는가 하면, 무려 254일 동안 계속해야 하는 사람도 있다고 한다. 금연에 성공한 사람들의 이야기를 종합해 보면 '66일 습관 이론'에 고개가 끄덕여진다.

나는 미국 자기 계발 전문가 제임스 클리어가 주장하는 '아주 작은 습관의 힘'을 믿는다. 그의 저서 『아주 작은 습관의 힘』(이한이 옮김, 비즈니스북스)에 나오는 사연을 들어 보자. 클리어는 장래가 촉망되는 고교 야구선수였다. 그러나 연습 중 동료의 야구 배트에 강타당해 얼굴뼈가 30조각이 날 정도로 심한 부상을 입었다. 모든 것이 끝난 줄 알았다. 하지만 그는 절망에 빠지지 않고 당장 할 수 있는 아주 작은 일부터 반복했다. 매일 조금씩, 아주 조금씩 걷는 연습을 한 결과 6개월 후에는 운동을 재개할 수 있었고, 6년 후에는 대학 최고 선수가 되었다.

클리어는 작지만 좋은 습관을 들이기 위한 네 가지 법칙을
제시했다. 목표하는 바가 분명해야 하고(제1법칙), 매력적이
어야 하며(제2법칙), 쉬워야 하고(제3법칙), 만족스러워야 한
다(제4법칙)는 것이다. 클리어는 "작은 습관들은 단순한 더하
기가 아니다. 그것들은 복리로 불어난다. 이것이 아주 작은
습관의 힘이다. 변화가 미미하지만 그 결과는 상상 이상이다.
백 번만 반복하면 그게 당신의 무기가 된다."라고 말한다.

그렇다. 크고 작음은 그다지 중요하지 않다. 좋은 습관을
들이기 위해서는 '지속적인 반복'이 무엇보다 필요하다. 미국
작가 마크 트웨인의 말에 귀 기울여 보자. "하기 싫은 일이라
도 매일 하라. 그렇게 하는 것이 할 일을 고통 없이 하는 습관
을 얻을 수 있는 황금률이다."

러셀에게 자녀 교육이란?

자유로운 환경에서 자제력을 가르쳐라

러셀은 늦은 나이에 자녀 셋을 두었다. 49세 때 큰 아들, 51세 때 외동딸, 65세 때 작은 아들. 교육 문제에 남다른 열의를 가졌던 그는 자녀들을 훌륭하게 키우기 위해 많은 연구를 했다. 근대 교육 이론의 기초를 세웠음에도 자신의 다섯 자녀를 모두 고아원에 보내 버린 선배 철학자 장 자크 루소와 대비된다.

1927년 러셀은 당시 영국의 학교교육에 불만을 품고 자녀들을 위해 직접 대안학교를 설립했다. 바다와 숲이 어우러진 곳에 예쁜 건물을 지어 자기 자녀를 포함해 20명가량 뽑아서 가르쳤다. 그는 자서전에서 점잔 빼는 교육이나 종교 교육이 싫었고, 전통적인 학교들에서 당연시되는 자유에 대한 제약

들이 싫었다면서 자신은 금욕주의적 교육을 중시하지 않거나 자제력 훈련을 완전히 도외시하는 현대 교육가들에게 동조할 수 없었다고 밝혔다.

러셀의 대안학교는 공부 과목과 시간을 자유롭게 선택하도록 하고, 신체 및 예술 활동을 중시하며, 경쟁보다 협력을 추구하는 등 자율적인 학교생활을 지향했으나 성공하지는 못했다. 부인과 이혼하면서 문을 닫은 것이다. 하지만 그의 이런 교육철학은 저서 『러셀의 교육론』과 『교육과 사회질서』에 잘 반영되어 있다. 백 년 가까이 된 고전이지만 지금 읽어도 대부분 고개가 끄덕여지는 내용이다.

러셀은 교육의 목적을 비판적 사고와 판단력 함양에 두었다. 이를 위해서는 학습자가 호기심을 갖고 자율적으로 탐구할 수 있는 분위기를 조성하는 일이 필수적이라고 보았다. 더불어 좋은 습관과 도덕적 감수성을 길러 사회에 건강하게 적응하도록 돕는 데도 큰 비중을 두었다.

부모의 자녀 사랑이
아무리 고결하다 해도
소유욕이 침범할 경우
그 사랑은
활력을 잃게 된다.

제4장

불행의 뿌리를 제거하라

14.

왜 현대판 공룡이 되려고 하는가?: 과도한 경쟁
남이 아닌 나의 어제와 경쟁하라

인간사에서 경쟁은 불가피하다. 경쟁이 아예 없는 삶은 상상조차 하기 어렵다. 세상의 재화와 인간의 욕망 사이에 양의 격차가 존재하기 때문이다. 권력이나 지위, 돈, 명예 등 사회적으로 가치 있는 재화는 한정된 데 비해 그것을 차지하려는 욕망은 끝이 없다.

경쟁은 긴장과 부담을 수반하기 때문에 대부분 피하고 싶어 하지만, 개인과 사회의 발전을 견인하는 측면이 있다. 학교에서의 상대 평가와 서열화는 전체 학생의 성적을 끌어올리고, 기업 내 경쟁 시스템은 생산성을 높이는 효과가 있다. 경쟁의 긴장이 전혀 없는 사회가 성장은커녕 지속 가능하지도 않으리라는 전망은 모리셔스섬의 도도새 멸종 사례가 잘

말해 준다.

문제는 경쟁이 지나치게 치열한 나머지 인간성 상실과 정신적·육체적 고통을 부른다는 점이다. 미국의 성공한 사업가 존 록펠러조차 "경쟁은 죄악이다."라고 했으니 무슨 말을 더 보태겠는가? 경쟁은 기본적으로 소수의 승리자와 다수의 패배자를 낳는 구조다. 승리로 성취감을 느끼는 사람보다 패배로 좌절감을 맛보는 사람이 많을 수밖에 없다. 경쟁하는 과정은 다수를 지치게 만들고 불행의 씨앗이 된다.

러셀은 경쟁의 철학에 오염된 세상은 불행하다고 봤다. 그는 저서 『행복의 정복』에서 현대 사회의 경쟁이 너무 냉혹하다고 진단했다. 책에서 러셀은 경쟁에 몰입하는 사람들을 일찍이 멸종한 공룡에 비유하면서 지성보다 근력을 선호한다는 점에서 지성과 감성을 배제한 채 의지와 경쟁을 강조하는 사람들을 현대판 공룡이라 불러도 좋을 것 같다고 말했다.

현대판 공룡이 놀라울 정도로 큰 성공을 거두고 있어 전 세계 사람들이 너나 할 것 없이 공룡의 행동을 따라 하고 있었다. 그는 이런 경향이 앞으로 백 년 동안 더욱 심해질 것이라고 내다봤다. 『행복의 정복』이 출간된 게 1930년이므로 거의 백 년이 흐른 지금, 그의 전망이 틀리지 않았음을 확인할 수 있다.

지금 러셀이 살아 있다면 경쟁의 늪에 빠져 허우적대는 대한민국을 어떻게 평가할까? 선진국에 진입했다지만 극심한

경쟁으로 대다수 국민이 불행에 휩싸여 사는 모습을 안타까
워할 것이다. 입시 과열 탓에 학생들은 어릴 때부터 밤낮 학
원으로 내몰려야 하고, 성인이 되어서는 승자 독식과 사회 불
평등 구조 속에서 고단한 삶을 이어 간다.

　이에 따른 사회병리는 심각하다. 우울증 및 불안증 환자가
크게 늘고 있을 뿐만 아니라 자살률은 세계 최고 수준이다.
결혼 기피 풍조가 만연해 있고, 출생률은 세계 최하위다. 친
구와 동료, 이웃을 경쟁 대상으로 규정하는 태도는 관계의 기
반인 신뢰와 상호성을 잠식한다. 이러한 인식이 누적되면 인
간관계가 점차 피로해지고 단절로 기울며, 결과적으로 사회
적 고립을 초래할 수 있다.

　이렇게 보면 경쟁의 수준이 행복의 크기와 반비례한다는
것은 부인하기 어렵다. 경쟁에서 지는 사람이 행복할 리 없
고, 이긴다고 해서 반드시 행복이 보장되는 것도 아니다. 물
론 이겨서 얻는 성취감은 행복한 삶에 일정한 도움을 줄 것이
다. 하지만 이기기 위해 들이는 수고와 고통이 지나치게 크다
면 그 경쟁 자체를 재검토해 봐야 한다.

　러셀은 『행복의 정복』에서 성공이 행복의 한 가지 요소에
불과하기 때문에 성공하기 위해 나머지 요소들을 전부 희생
한다면 지나치게 비싼 대가를 치르는 것이라며, 손익을 따져
볼 필요가 있다고 말했다. 그는 성공의 대표적 상징이라 할
돈의 경우 행복을 증진시킬 수 있지만, 일정 수준을 넘어서면

별 도움이 되지 않는다고 분석했다.

러셀이 '비싼 대가'의 예로 든 것은 교양과 지식 수준의 저하다. 사회 전반적인 경쟁 심화로 문학이나 미술, 음악을 이해하고 즐기면서 신사로 사는 사람이 줄어들었으며, 대학생들은 캠퍼스 숲속에 핀 야생화의 이름을 거의 모른다고 그는 지적했다. 독서 클럽이 있어도 읽는 데 시간이 오래 걸리는 고전을 외면한다. 그는 이런 환경에 놓인 개인들은 경쟁에서 이겨 성공한다고 해도 지적 향유 없이 메마른 삶을 살기 쉽다고 봤다.

경쟁의 철학은 여가도 오염시킨다. 성공한 사람은 경쟁에 너무나 익숙한 나머지 여가가 생겨도 권태를 느낀다. 러셀에 따르면 성공한 것을 가지고 무엇을 할지 배우지 않은 사람은 성공한 후에 권태의 먹이가 될 수밖에 없다. 여가를 즐길 줄 모르니 성공 뒤에도 삶이 공허하다.

러셀은 경쟁의 철학이 언젠가는 소멸할 것으로 내다봤다. 현대인들이 공룡의 사생결단식 행동을 꽤 오랫동안 답습하겠지만, 서로를 해치는 경쟁이 지속되는 한 그 체제는 오래 유지되기 어렵다는 것이다. 경쟁하는 삶은 누구에게나 힘들고 고단하기에 행복하지 않을뿐더러 지나칠 경우 자녀를 출산하지 않을 것이기 때문이다. 러셀이 예상하는바, 언젠가 경쟁 대신 쾌활하면서도 즐거운 삶을 추구하는 사람이 늘어날 것이다.

그의 예상이 실현되는 세상이 과연 올까? 과학기술이 광속으로 발전하고 있고, 인구 증가율은 빠르게 둔화되는 점을 감안하면 사회 전반의 경쟁 구조가 완화되리라는 전망도 충분히 가능하다. 일과 경제활동은 인공지능이 하고, 대다수의 사람은 여가와 삶의 즐거움을 누리는 세상이 오지 말란 법도 없다. 인공지능이 공룡의 역할을 대신하는 셈이다.

잠깐, 그런데 지금 인공지능의 개발과 운영을 둘러싸고도 치열한 경쟁이 벌어지는 중이잖은가. 지금보다 더 극심한 종류의 경쟁이 생겨날 수도 있지 않을까? 그렇다면 인간 사회가 경쟁에서 해방되는 날은 요원하단 말인가? 다행히 요즘 부상하는 '공존 공생 이론'이 적절한 해법을 제시하지 않을까 기대된다. 내가 주목하는 것은 사회생물학자 최재천의 '호모 심비우스(Homo symbious, 공생하는 인간)' 이론이다. 21세기에는 경쟁을 멈추고 공생해야 생존할 수 있다는 주장이다. 생명 다양성 존중에 초점을 맞춘 이론이지만, 인간 사회에도 얼마든지 적용할 수 있다고 본다.

적자생존의 논리는 점차 힘을 잃어 갈 것이다. 자신이 남보다 우수하거나 지혜롭다는 자만에 빠지면 외톨이가 되기 십상이다. 성공도 협력을 통해 공생을 추구해야 가능하나. 최근 들어 노벨상 수상자 현황을 살펴보면 의학상, 물리학상, 화학상 등은 공동 수상이 대세다. 학자들이 최고의 연구 성과를 내려면 소속 기관이나 국적을 넘어 경쟁자들과도 과감하게 손잡고 협력하는 것이 유리하다는 뜻이다.

생존을 위해서도 협력이 불가피하다. 주변을 살펴보라. 극심한 경쟁에 내몰려 정신적으로 고통받는 사람이 얼마나 많은가? 각종 정신질환과 자살은 이미 나라와 연령대를 가리지 않는 문제가 되었다. 이런 고통을 감내하며 경쟁에서 이긴들 무슨 소용이 있겠는가? 최재천은 말한다. "지구 역사에서 손잡지 않고 살아남은 생명체는 없다."

경쟁은 정글이지만, 협력은 공원이다. 정글에선 혼자 성공하지만 공원에서는 함께 가꾸고 함께 누린다. "남의 잘됨을 축하하라. 그 축복이 메아리처럼 나를 향해 돌아온다." 내가 좋아하는 금언이다. 경쟁자 사이에 이런 분위기가 조성된다면 정글도 공원으로 바뀔 수 있다. 고통스러운 경쟁을 내려놓고 함께 가꾸고 누리는 삶이야말로 공동의 성과를 이루는 길이다.

지금 당장 경쟁이 불가피하다면 경쟁에 따른 고통을 조금이라도 줄일 방법은 없을까? 남과의 직접적인 경쟁은 가급적 피하고, 자기 자신과의 경쟁을 도모하는 것이 해법이 될 수 있다고 나는 생각한다. 타인과의 경쟁은 두려움과 잔인함을 동반하지만, 나와의 경쟁은 편안하고 성숙한 모습일 수 있다. 현명한 사람들은 진작부터 이를 조금씩 실천해 온 듯하다.

"나는 나 자신 말고는 누구와도 경쟁하지 않는다. 나의 목표는 나 자신을 지속적으로 향상시키는 것이다."(빌 게이츠)

"남들보다 더 잘하려고 고민하지 마라. 지금의 나보다 잘하려고 애쓰는 것이 더 중요하다."(윌리엄 파울러) "나다운 나 자신이 될 수 있다면 경쟁이란 없다. 내 본질에 점점 더 가까이 다가가는 것으로 충분하다."(바버라 쿡) "나는 남과 경쟁하여 이기는 것보다 나의 고통을 이겨 내는 것을 언제나 생각한다."(아베베 비킬라)

이런 자세는 말과 달리 실천하기가 쉽지 않다. 남을 이기고 싶은 욕망이 남아 있는 한 경쟁 심리는 끊임없이 발동된다. 하지만 어쩌랴, 행복을 진정으로 원한다면 이 말을 가슴 깊이 새기고 살지 않으면 안 된다.

"오직 어제의 나와 경쟁하라."

15.

질투는 가까운 사람을 쏜다: 질투

공작새는 다른 공작새의 꼬리를 부러워하지 않는다

시기심, 질투심은 인간의 자연스러운 감정이다. 남이 잘되는 것을 시샘하거나 공연히 미워하는 마음은 나쁜 감정임에 틀림없으나, 워낙 당연한 심성으로 받아들여지기에 인간 본성에 가깝다고 할 수 있다. 물 한 방울 주지 않아도 잡초처럼 잘 자라는 것이 질투심이다.

문제는 이런 감정이 불행의 씨앗이자 뿌리라는 사실이다. 이를 적절히 걷어내지 않고서는 행복을 맞이하기 어렵다. 러셀은 『행복의 정복』에서 질투는 평범한 인간 본성이 가진 특성 가운데 가장 불행한 것이라고 규정했다. 그는 죽음과 멸망에 이르도록 할 수도 있는 것이 질투라면서, 질투의 속성과 원인에 대한 분석을 시도하는가 하면 그것을 줄일 방법도 구체적으로 제시한다.

살면서 시기 질투심을 한 번도 느껴보지 않은 사람이 있을까? 러셀은 질투를 아주 보편적이고 뿌리 깊은 격정이라고 했다. 로마 시인 오비디우스는 "시기심은 살아 있는 자에게서 자라다 죽을 때 멈춘다."라고 했다. 누구나 가질 수 있는 감정을 두고 도덕적 자책에 빠질 필요는 없을 것이다.

그러나 질투는 분명 비열하고 사악한 감정이다. 타인의 성공과 행운에 대한 부러움이 지나쳐 생긴 질투심은 인간적 약점으로 치더라도, 남의 실패나 고통에 대해 기쁨과 만족을 느끼는 일은 차원이 다른 문제다. '남의 불행은 곧 나의 행복'이란 말이 당연한 것처럼 회자되고, 심리학조차 이를 인간의 보편적 감정으로 설명한다면, 우리가 지향해야 할 인간다움은 어디서 찾아야 할지 묻지 않을 수 없다.

러셀은 질투를 도덕적으로나 지적으로나 일종의 나쁜 버릇이라고 규정했다. 그리고 질투는 사물을 있는 그대로 보지 않고 사물 간 관계를 통해 보려는 습관에서 생긴다고 말했다. 그는 이런 예를 들었다. 자기 욕구를 충분히 만족시킬 만큼 돈을 잘 버는 사람이 있다. 그런데 자기보다 별로 뛰어나지도 않은 사람이 돈을 두 배로 번다는 사실을 알게 되었다. 그때 드는 감정이 바로 질투심이다. 질투심이 고개를 들면 지금까지의 만족감이 갑자기 희미해지고, 세상이 불공평하다는 생각이 눈앞을 가린다.

러셀은 "매사 비교하는 습관은 대단히 잘못된 버릇"이라고
했다. 남과 비교하는 습성을 버리지 않으면 비록 어떤 일에서
성공한다 해도 질투에서 벗어날 수 없다. 비교하는 사람에겐
부러움이 끝도 없이 생겨나기 때문일 것이다. 그러면서 그는
역사적 위인들을 예로 들며 명예욕을 가진 사람은 모두 나폴
레옹을 부러워하겠지만 나폴레옹은 카이사르를 부러워했으
며, 카이사르는 알렉산드로스를 부러워했고, 알렉산드로스는
실존하지도 않은 헤라클레스를 부러워했을 거라고 말했다.

남과 비교하는 습관이 행복의 장애물이 되는 이유는 만족
감을 빼앗아 가기 때문이다. 누구든 좋은 일이 생기면 그것을
한껏 즐기면 된다. 그러나 남에게 생긴 좋은 일이 언제나 더
커 보이면 만족감을 느끼기 어렵다. 만족감을 느끼지 못하면
감사한 마음이 생기지 않고, 감사한 마음이 없으면 행복도 없
다. 매사가 불만인데 어떻게 행복하겠는가? 비교는 스스로 행
복을 걷어차는 것이나 마찬가지다. 결국 남과 비교하지 않는
것이 행복의 출발점이라 하겠다.

러셀은 질투심이 어린 시절 성장 배경과 관련이 있다고 본
다. 질투심이 보편적 심성이긴 하지만, 유아기 때부터 좋은
환경을 조성하면 일정 부분 줄일 수 있다고 분석했다. 한 살
짜리 어린아이에게도 질투심이 있으므로 다른 아이들과 생활
할 때 분배의 정의를 지키는 등의 노력을 기울여야 한다. 러
셀은 『행복의 정복』에서 형제나 누이가 더 귀여움받는 것을

눈앞에서 본 어린아이는 질투하는 버릇이 몸에 배게 된다며 이런 아이가 사회에 나가면 자기가 희생양이 되는 듯한 불공평한 대우에 불만을 갖게 되고, 실제로 그런 일이 생길 경우 금방 알아차린다고 말했다. 그리고 그런 일이 일어나지 않아도 일어난 것처럼 상상하기 때문에 불행해진다고 덧붙였다.

러셀은 사랑이 부족한 부모 밑에서 자란 사람도 같은 결과를 낳는다고 했다. 아이들은 형제자매 사이의 편애가 없어도 다른 집 아이들이 자기보다 더 사랑받는다고 생각하면 질투심을 느끼기 마련이다. 심한 경우 아이는 마땅히 누려야 할 부모 사랑을 제대로 누리지 못하는 데 대해 불만을 품게 되고, 끝내는 자기 부모를 미워하게 된다. 이런 마음이 질투심으로 번진다는 것이다.

질투는 민주주의 발전과 인터넷 기술 및 산업의 폭발적 성장으로 인해 사회 전반적으로 심화하는 양상이다. 질투는 평등주의적 격정을 불러일으킴으로써 민주주의 발전에 추진력을 제공해 왔다고 할 수 있다. 다만 민주주의가 발전할수록 평등의식이 더욱 강화되면서 오히려 시민 전체의 질투심을 키우는 결과도 낳았다. 과거에는 고위 공직자가 일반 시민들보다 큰 혜택을 누려도 시민들이 그저 관행으로 받아들였지만 지금은 그러한 특권을 허용하지 않으려 한다. 이는 시민의식의 성장으로 볼 수 있으나 사회 관계망 서비스SNS의 발달과 합쳐지면서 부작용이 생기고 말았다.

옛날에는 친척과 이웃 등 특별히 가까운 사람들만 질투의 대상이었으나 지금은 인터넷 가상공간에 함께 머무는 모든 사람이 대상이다. SNS의 폭발적 성장으로 과거에는 알 수도 없었고 굳이 알 필요도 없는 사람들의 일거수일투족을 가만히 앉아서 파악할 수 있으니 말이다. SNS를 즐기는 사람은 속성상 자랑하는 것을 좋아한다. 당연히 자랑거리가 있을 때 글이나 영상을 올리기 마련이고, 또 조금 과장해서 올리는 경향마저 있다. 이런 것을 접하며 제대로 알지도 못하는 사람들과 비교하다 보면 어느새 자신은 초라해지고 만다. '나는 국내 여행도 제대로 못하는데 남들은 해외 여행을 자주도 다니는구나. 나는 집 근처에서 삼겹살 외식하기도 벅찬데 남들은 호텔 뷔페를 수시로 드나드는구나. 나는 맨날 시장 옷이나 걸치는데 남들은 큰 어려움 없이 백화점 옷을 사 입는구나.'

그래도 SNS 가상공간에서 스쳐 가는 이에게 느끼는 질투심은 그다지 크지 않다. 현실로 빠져 나와 다른 생각을 하다 보면 금방 사라지곤 한다. 그보다 우리를 더 슬프게 하는 것은 질투심이 자기와 가깝거나 친한 사람에게 더 자주, 더 크게 발현된다는 사실이다. 성장 배경이나 환경에 큰 차이가 나 결코 손에 넣을 수 없는 것으로 여겨지는 성공이나 행운에 대해서는 질투심이 잘 생기지 않고 생기더라도 그렇게 크지 않다. 거지는 자기보다 약간 더 행복해 보이는 거지를 질투할 뿐 큰 부자를 질투하진 않는다. 그러나 서로 형편을 잘 아는 사촌, 절친, 동고동락하는 직장 동료에게는 쉽게 질투심이 생긴다. 한 부모를 둔 형제자매 간에 격한 시기와 질투를 느끼기도 한다. 수준이 비슷해 경쟁 관계에 있는 사람 사이에 생긴 질투심은 그 정도가 심하고 오래가는 경향이 있다.

성경에 나오는 카인과 아벨 형제의 비극이 이를 단적으로 말해 준다. 형인 카인이 하느님에게 자기보다 더 사랑받는 동생 아벨을 돌로 쳐 죽인 것은 오로지 질투심 때문이다. 우리 모두는 카인의 후예여서 형제간의 질투심을 완전히 차단하지 못하는지도 모른다.

영성이 훌륭한 수도사 형이 동생의 출세를 질투했다는 우스갯소리도 마찬가지다. 악마가 금식 기도 중인 수도사의 기도를 중단시키기 위해 온갖 산해진미로 유혹하고 미인계까지 썼으나 소용이 없었다. 약이 오른 악마가 꺼낸 회심의 카드는 질투심이었다. 악마가 수도사에게 "이번 교구 승진 인사에서 당신 동생이 주교가 되었다네."라고 말하자 수도사는 벌떡 일어나며 "진짜야? 말도 안 되는 승진 인사야!"라고 소리쳤다.

누구에게나 스머드는 질투심을 어떻게 차단할 수 있을까? 러셀은 그 유일한 해법을 정신 수양에서 찾았다. 무욕을 실천하는 것이 최선이겠지만, 그것을 실천하는 성사들조차 서로에 대한 질투에서 완전히 벗어나기는 어렵다. 가장 중요한 것은 남과 견주는 습성을 버리고 자기 자신을 훌륭하게 여기는 것이다. 그는 『행복의 정복』에서 "공작새들은 다른 공작새의 꼬리를 부러워하지 않는다. 공작새들은 저마다 자기 꼬리가 세상에서 제일 훌륭하다고 믿기 때문이다. 그 때문에 공작새들은 온순하다."라고 말한다.

　사람은 공작새가 아닌 까닭에 다른 사람의 성공이나 행운을 전혀 부러워하지 않을 수는 없다. 사실 부러움은 조금 느껴도 괜찮다. 자신의 성장과 성공을 촉진하는 계기가 될 수도 있다. 문제는 질투로 번져 자기 자신을 해치는 경우다. 부러움이 질투의 영역으로 넘어가지 않도록 감정을 적절히 조절하는 것이 무엇보다 중요하다. 맹자의 말에 귀 기울여 보자.

　"시기와 질투는 언제나 남을 쏘려다가 자신을 쏜다."

16.

최악의 경우를 생각하라: 걱정

대부분의 걱정은 쓸데없는 것이다

인간은 미래를 생각하는 유일한 동물이다. 다른 동물들은 오직 현재만 생각하지만, 인간은 과거를 회상하고 미래를 내다본다. 인간 사회가 지속적으로 발전하는 것은 미래를 생각하는 능력 덕분일 것이다. 앞으로 닥칠지도 모르는 온갖 위험을 대비하고 보다 나은 삶을 위해 끊임없이 노력하기에 성장과 발전을 이룰 수 있다.

인간은 미래를 생각할 수 있기에 '꿈'과 '희망'을 품지만 '걱정'과 '불안'도 안고 살아야 한다. 러셀은 질두 못지않은 행복 파괴범으로 걱정을 지목했다. 걱정은 무엇보다 몸을 상하게 한다. 육체적으로 건강하더라도 걱정이 많은 사람은 피로를 많이 느낀다. 러셀은 걱정은 두려움의 한 형태이며 모든 두려움은 피로를 만들어 낸다면서 두려움에서 벗어나는 법을 배운 사람은 일상생활의 피로가 크게 줄어드는 것을 느끼게 된다고 말한다. 걱정거리를 제때에 해소하지 못하는 사람은 정신적 피로로 인해 몸도 쇠약해지는 것을 피하기 어렵다.

일상생활에서 걱정은 누구나 조금씩 하고 살지만, 그 정도가 너무 심하면 문제다. 걱정을 사서 하는 사람, 걱정도 팔자란 소리를 듣는 사람은 정신적으로 예민하다. 심한 걱정은 스트레스의 주범이자 불안증과 공황장애의 직접적 원인이다. 걱정을 뜻하는 영어 단어 'Worry'는 독일어 'Wurgen'에서 유래했다. 'Wurgen'이 '목 조르다' '질식시키다'라는 뜻을 지닌 점을 보면, 걱정이 정신 건강에 얼마나 해로운지 짐작할 수 있다.

걱정이 많은 사람은 생각해 낼 수 있는 모든 일에 대해 염려하고 불안해한다. 날씨, 체중 증감, 지각, 자동차 사고, 자신과 가족의 질병, 자녀의 장래, 직장의 미래, 노후 대책, 죽음 등 세상만사가 걱정거리다. 중국 기杞나라에는 하늘이 무너지면 어디로 피해야 할지 걱정돼 침식을 마다한 이가 있었다지 않는가? 그 사람은 필시 건강하지도 행복하지도 않았을 것이다.

걱정은 시간의 빈틈과 생각의 빈틈을 비집고 마음속으로 파고든다. 하지만 어떠한 걱정도 내일의 불행이나 슬픔을 떨쳐 내지는 못한다. 이런 격언들을 들으면 모든 걱정은 괜한 것 같다. "걱정을 해서 걱정이 없어지면 걱정이 없겠네."(티베트 속담) "걱정은 빚지지 않은 빚을 갚는 것과 같다."(마크 트웨인) "걱정은 내일의 슬픔을 덜어 주는 것이 아니라 오늘의 힘을 앗아 갈 뿐이다."(코리 텐 붐)

『행복의 정복』에서 러셀은 낙관적인 인생관을 갖고 정신 훈련을 조금씩 해 나가면 지나친 걱정을 예방하거나 물리칠 수 있다고 말한다. 그러면 지나치게 많은 생각을 하지 않으면서도 그날 일을 할 수 있고, 불면증을 고칠 수 있으며, 효율성과 분별력을 키울 수도 있다. 그가 보기에 대부분의 사람들은 자기 생각을 통제하는 데 몹시 서투르다. 도저히 어쩔 도리가 없음에도 불구하고 걱정거리에 매달려 끊임없이 고민하는 사람들은 안타까울 따름이다. 그의 걱정 탈출법은 이런 진단에서 출발한다.

러셀이 제시한 걱정 대처법은 크게 두 가지다. 첫 번째는 최악의 경우를 생각해 보는 것이다. 어떤 불행이 닥쳐 오면 진지한 태도로 앞으로 일어날 수 있는 최악의 경우를 상정하되, 그 불행이 그렇게까지 끔찍하지 않을 가능성과 그 이유를 스스로에게 말해 본다. 얼마 동안 최악의 경우를 직시하면서 확신을 갖고 '좋아, 아마 별 문제 아닐 거야'라고 생각해 보는 과정을 몇 차례 거치고 나면 걱정이 크게 줄어든다.

심리학자이자 베스트셀러 작가인 웨인 다이어도 같은 방법을 제안했다. 그는 저서 『행복한 이기주의자』(오현정 옮김,

21세기북스)에서 스스로에게 '내게 일어날 수 있는 최악의 일이 무엇이고, 그런 일이 일어날 가능성은 어느 정도인지 질문해 보라'면서 그러면 그 걱정이 얼마나 터무니없는지 알게 될 것이고, 그 걱정을 쉽게 날려 버릴 수 있을 것이라고 말했다.

걱정은 대개 과장되곤 한다. 최악의 경우는 좀처럼 발생하지 않는다. 따라서 대다수 걱정은 쓸데없는 것이라고 말할 수 있다. 각자 경험으로도 알 수 있겠지만, 믿을 만한 연구 결과가 이를 뒷받침한다. 심리학자 어니 젤린스키의 연구에 따르면, 우리가 직면하는 걱정거리의 40퍼센트는 절대로 일어나지 않을 일이며, 30퍼센트는 이미 일어난 일이고, 22퍼센트는 아주 사소한 일이며, 4퍼센트는 우리가 어떻게 해 볼 수 없는 일이고, 나머지 4퍼센트만 우리가 어떻게 해 볼 수 있는 진짜 걱정거리다. 결국 걱정거리의 96퍼센트는 소용없는 것, 쓸데없는 것이라는 뜻이다.

물론 도저히 피할 수 없는 최악의 상황이 실제로 도래할 경우 특단의 방법으로 대처해야 한다. 시작은 그 상황을 받아들이는 것이다. 그러면서 최악의 상황을 조금이라도 개선할 방법이 있는지 서둘러 연구해야 한다. 하늘이 무너져도 살아날 구멍이 있다는 자신감과 긍정적인 마인드를 가져야겠다.

러셀이 제안하는 두 번째 걱정 대처법은 꼭 필요한 때를 정해 집중적으로 고민하는 것이다. 걱정을 시도 때도 없이 하는 것은 정말이지 정신 건강을 갉아먹는 일이다. 고민과 걱정은 문제 해결에 도움이 될 때만 하고 평소에는 아예 하지 않는 것이 현명하다. 특히 수면과 휴식이 필요한 밤에는 아무 생각도 하지 말아야 한다. "걱정을 잠자리로 가지고 가는 것은 등에 짐을 지고 자는 것이다."라고 말한 작가도 있다.

러셀은 걱정거리를 제대로 정리해야겠다는 생각이 들면 모든 자료를 내놓고 깊이 숙고하는 방법을 취했다. 그는 최대한 집중적으로 생각하는 것이 중요하다면서 그렇게 한 후 시간이 흐르면, 보이지 않게 일이 진행되면서 생각이 정돈된다고 했다. 숙고의 결과로 내린 결정은 새로운 사실이 밝혀지지 않는 한 번복하지 않아야 한다. 좌고우면 하는 망설임이야말로 심신을 더 지치게 하는 쓸데없는 일이기 때문이다.

여러분은 어떻게 걱정을 퇴치하는가? 나는 다가올 일들을 애써 잊고 오로지 현재에 집중하려고 노력한다. 현재에 집중한다는 것은 걱정을 유보한다는 뜻이다. 문제 해결에 도움이 될 때에만 고민하고 걱정하라는 러셀의 조언도 결국 같은 얘기 아닐까 싶다.

몸에 평소와 다른 증상이 생겨 건강 검진을 받고 일주일 동안 결과를 기다린다고 가정해 보자. 이런 경험을 더러 해 보았을 것이다. 정신적으로 예민한 사람은 줄곧 걱정에 휩싸인다. 중병으로 확인되면 어떻게 할 것인가? 수술을 받을까 말까? 수술을 받는다면 어느 병원으로 갈까? 여러 날 밤잠을 설칠 수도 있다. 걱정이 깊어지면 상상이 죽는 순간에까지 이른다. 가족들에게 무슨 유언을 남길까? 재산은 누구한테 얼마를 줘야 하나?

러셀의 걱정 대처법을 적용해, 우선 중병과 죽음이라는 최악의 경우를 상상해 본다. 하지만 별일 없을 것이라 기대하며 그 근거를 생각해 본다. 자꾸 걱정이 되면 특정한 때를 정해 집중적으로 생각해 보고 더 이상 마음에 두지 않기로 다짐한다. 그래도 걱정을 떨쳐 버릴 수 없다면 여행이나 운동을 해 보면 어떨까? 일기 쓰기나 기도, 명상도 도움이 될 것이다.

여기에 더해 나처럼 현재에 집중하면 더할 나위 없이 좋을 것이다. '현재에 충실하라'라는 뜻을 지닌 라틴어 '카르페 디엠 Carpe diem'은 정신 건강을 위한 최고의 금언이다. 미래를 걱정하는 사람이 마음이 편할 리 없다. 반대로 주어진 현재에 감사한 마음을 갖고 오늘 하루 충만하게 사는 사람은 마음이 평온하기에 행복하다. 걱정해 본들 아무 소용없다는 생각으로 지금 이 순간 만족하고 감사한 마음으로 지내면 그만이다. 로마 시인 호라티우스의 이 시구를 음미해 보면 어떨까?

행복하도다 홀로 있어도
오늘을 내 것이라 노래하는 이여
마음이 행복한 이는 외치리
내일이 최악의 것이 될지라도 그것이 무슨 상관이랴
나는 오늘을 성실하게 사노라

곧 닥칠지도 모르는 걱정스러운 상황을 잊고 담담하게 사는 것이 결코 쉬운 일은 아니다. 성인군자가 아닌 이상 걱정을 완전히 퇴치하기란 어렵다. 끊임없이 마음을 추스르고 희망을 불어넣는 수밖에 없다. 내가 좋아하는 어느 후배는 오래전부터 '하쿠나 마타타Hakuna matata'를 카톡 상태 메시지로 등재해 놓았다. 스와힐리어로 '걱정하지 마, 잘될 거야'라는 뜻이다.

17.

외톨이로 행복한 사람은 독재자뿐이다: 외로움

최고의 외로움 퇴치법은 자발적 고독

여러분은 외톨이로 살아 본 적이 있는가? 혹은 그런 삶을 상상해 본 적은? 외톨이의 삶이란 매인 데도 없고 의지할 데도 없이 홀몸으로 사는 것일 수도, 다른 사람들과 어울리거나 사귀지 못해 고립된 채 사는 것일 수도 있다. 러셀은 이런 삶에서 독립의 기쁨을 누릴 수 있는 사람은 미친 사람과 독재자뿐이라고 했다. 다소 과하게 들리기도 하지만 어린 시절 지독한 외로움을 경험했던 철학자의 자기 확신에서 나온 말이라 여겨진다.

세상에 외로움을 좋아하는 사람이 있을까? 인간은 사회적 동물이어서 물리적으로나 정신적으로나 더불어 살고 싶은 욕구를 지닌다. 자발적인 것이 아닌 이상 외로움은 대부분 쓸쓸한 고통으로, 한시라도 빨리 탈출하고 싶은 감옥이기 쉽다.

외로움과 '홀로 있음'을 혼동하는 경우가 있는데, 영어 표현을 보면 둘이 가까우면서도 다른 현상임을 알 수 있다. 외로움은 'Loneliness'이고, 홀로 있음은 'Aloneness'이다. 사람은 홀로 있을 경우 대부분 외로움을 느끼기에 둘을 혼동하는 것이다. 중요한 사실은 외로움을 느끼는 사람은 십중팔구 행복하지 않다는 것이다.

그런 점에서 러셀에게 어린 시절은 행복하지 않았다. 혼자 있는 경우가 많았기에 외로움을 심하게 느꼈다. 그는 영국의 최고 명문가에서 태어났지만 불과 2세 때 어머니를, 4세 때 아버지를 잃었다. 형과 함께 조부모 집에서 풍족한 생활을 했지만 정서적 따뜻함은 없었다.

그의 자서전을 보면 외로움을 회고하는 대목이 여러 군데 나온다. 어린 시절 정규 학교에 다니지 않고 줄곧 가정교사들에게 교육 받았기에 또래 친구가 없던 그는 정원에서 혼자 보내는 시간이 많았다. 그래서 유년기 이후 외로움이 커졌고, 대화할 수 있는 사람을 만날 기대를 하다가 절망하는 일도 많았다. 그렇게 실의에 빠진 그를 구해 준 것은 자연과 책과 수학이었다.

청소년기도 외롭고 불행했다. 수많은 정서적·지적 고민들을 누구한테 상의하거나 도움을 청할 수 없었기 때문이다. 급기야 육군 예비학교에 다니던 10대 후반에는 우울증이 찾아

왔다. 죽음까지 생각했지만, 수학을 더 공부하고 싶었기에 자살은 단념했다.

저출생 및 고령화, 결혼관 및 가족관의 변화, 기술정보 혁명으로 인해 1인 가구가 늘어나면서 외로움을 호소하는 사람이 크게 증가했다. SNS의 급격한 성장으로 인터넷 공간에 '친구 수'는 많아졌지만 진정한 친구는 별로 없다. 행복해 보이는 '친구들'을 보며 오히려 자괴감에 빠지고 쓸쓸해지는 일을 쉽게 경험한다.

외로움은 일상생활에 매우 부정적인 영향을 끼친다는 점에서 애써 경계해야 할 감정이다. 방치하면 우울증, 불안증, 공황장애, 불면증 등을 유발한다. 외로움을 견디지 못해 스스로 목숨을 끊는 사람이 늘어나는 것은 당연한 일인지도 모른다. 영국에서는 고독사 대책을 강구하겠다며 '외로움 장관Minister of loneliness'을 둘 정도다. 통계에 따르면, 영국 전체 인구의 13퍼센트가 외로움의 고통을 호소한다.

어느 나라 할 것 없이 사회 문제로까지 대두한 외로움을 해소할 방법은 뭘까? 외로움의 가장 큰 원인인 '홀로 있음'을 피해 가기는 현실적으로 거의 불가능할 듯싶다. 저출생 및 고령화 현상은 되돌리기 어렵고, 비혼 혹은 만혼 추세와 핵가족화는 진작 굳어져 버렸다. 앞으로 혼자 사는 사람이 늘면 늘었지 줄어들지는 않을 것이다.

따지고 보면 홀로 있음은 인간의 숙명인지도 모른다. 누구나 태어날 때도 혼자고, 죽을 때도 혼자 아닌가? 따라서 혼자 있더라도 외로움을 느끼지 않는 길을 개척하는 수밖에 없다. 러셀도 이 길을 생각했다. 그는 자서전『인생은 뜨겁게』에서 인생이 무엇인지 실감하는 사람이라면 제각기 떨어져 있는 영혼의 묘한 외로움을 느낄 거라며, 다른 사람에게서 똑같은 외로움을 발견하면 묘한 유대감이 생기고, 따뜻한 연민이 솟아오른다고 말했다. 인간은 누구나 외로운 존재라는 사실을 제대로 인식할 경우 외로움에 휩싸이지 않을 수 있다는 철학자의 통찰이 느껴진다. 정신적 성숙이 필요하다.

정신적으로 성숙한 사람은 혼자 있어도 외롭지 않다. 이런 상태의 홀로 있음을 우리는 흔히 '고독'이라 부른다. 일상에서도 외로움과 고독을 혼용하지 말고 구분해 사용하는 것이 좋겠다. 둘은 영어로도 아예 다르다. 고독은 'Loneliness'가 아니라 'Solitude'이다. 외로움이 부정적 감정이라면 고독은 긍정적 감정이다. 외로움이 아픔이라면 고독은 평온이다. 외로움이 결핍이라면 고독은 풍요다.

'고독을 즐겨라'라는 말이 나온 이유는 그래서다. 고독을 외로움과 같은 뜻으로 이해하면 당연히 즐길 만한 것이 못 된다. 그러나 고독은 혼자 있어도 외롭지 않다. 혼자 있는 능력을 갖췄기 때문이다. 타인과의 사귐이나 대화가 끊어져도 슬프거나 고통스럽지 않고 오히려 행복감을 느낄 수도 있다.

고독을 즐기려면 정신적으로 풍요로워야 한다. 비혼이나

이혼으로 배우자가 없거나 대인관계가 원만하지 못해 친구가 거의 없다고 치자. 정신적으로 빈약한 사람은 외로움을 느낄 가능성이 크다. 만남이나 대화가 없다는 사실 자체가 쓸쓸함을 지나 고통으로 다가온다. 하지만 정신적으로 풍요로운 사람은 외로움을 느끼지 않는다. 오히려 홀로 있음의 고요를 즐긴다.

고독을 즐기는 사람이 외롭지 않은 이유는 자기 자신과 대화하기 때문이다. 자신과의 대화는 타인과의 대화 못지않게 유익하고 행복할 수 있다. 조용히 혼자 있을 때 비로소 자신의 진실한 내면에 다가가고, 그 내면에 자리 잡은 영혼과 깊이 대화할 수 있다. 특히 고요는 혼자 있는 사람만이 얻을 수 있는 귀한 선물이다.

외로움에 지친 사람에게 일기 쓰기나 사색, 명상을 권하는 것은 고요 가운데 자신과 대화할 수 있다는 사실에 기초한 것이며, 이는 실제로 외로움에서 고독으로 건너갈 수 있는 좋은 통로다. 특히 명상은 요즘 전 세계적으로 외로움 해결사 대우를 받는다. 『사피엔스』의 저자 유발 하라리는 대표적 명상 예찬론자다. 자기 경험을 전하며 하루 두 시간씩 명상할 것을 권한다.

고독을 즐기는 사람은 자신뿐만 아니라 다른 훌륭한 사람들과도 대화할 수 있다. 음악이나 미술 작품 감상, 독서는 예술가 혹은 작가와 대화하는 것이나 마찬가지다. 외로움에 빠저 있다가도 예술을 감상하거나 독서를 하다 보면 어느새 평안과 기쁨에 다다르곤 한다. 이것이 정신적 풍요의 힘이다. 또한 기도는 신과의 대화라 해도 틀리지 않는다. 종교적 믿음이 굳건한 이가 외롭지 않은 이유다.

사실 정신적으로 성숙하고 풍요로운 사람은 많은 사람이 모이는 곳을 꺼린다. 군중 속에서는 정신적 교감이나 깊은 대화가 불가능하기 때문이다. 철학자 아르투어 쇼펜하우어가 이 부분을 정확하게 짚었다. 그는 정신이 풍요로운 사람은 욕심과 고통을 버리고 평온하고 여유로운 삶, 소박한 생활을 추구한다고 보았다. 이런 사람은 스스로 고독을 선택한다고 했다. 이는 자기 경험이기도 하다.

사실 철학자는 모두 고독의 달인이라 할 수 있다. 쇼펜하우어, 데카르트, 칸트, 파스칼, 니체, 비트겐슈타인 같은 철학자는 결혼하지 않고 평생 독신으로 살았다. 그들은 자발적 고독을 선택했기에 혼자이면서도 외롭지 않았을 것이다. 결혼에 따른 여러 책임과 의무에서 자유로웠기에 자기 성찰과 철학적 사유의 시간을 즐길 수 있었을 것이다.

데카르트의 경우 자발적으로 홀로 있음을 선택함으로써 잠을 하루 10시간 이상 충분히 자고 독서와 집필에 몰두할 수 있었다. 찾아오는 사람을 만나지 않으려고 자주 이사 다녔고, 주소를 비밀에 부쳤다. 이런 철학자에게 외로움의 고통이 있을 리 없다.

자발적 고독은 철학자가 아니라도 누구나 시도해 볼 만하다. 은둔형 외톨이가 되라는 것이 아니다. 평생 고독하게 살라는 것도 아니다. 쉼 없이 바쁜 일상, 지인들과의 잦은 만남으로 자신을 돌아볼 여유가 없다면 잠시 스스로 혼자가 되어 보면 어떨까? 간혹 1박 2일이라도 나만의 시간을 가져 보자. 여행이나 등산은 무조건 좋다. 독서를 위한 카페 순례도 좋고, 산장에서의 별 보기도 권하고 싶다. 스마트폰 끄고 인터넷 친구들과 잠시 헤어져 보는 것도 괜찮다. 혼자가 되어 자신을 성찰하다 보면 전혀 생각하지 못했던 '참된 나'를 발견할 수도 있다. 그 발견은 특별한 행복의 출발점이 될 수도 있다.

18.

미신적 도덕률에 굴복하지 마라: 죄의식

이성의 힘으로 불합리한 죄의식을 몰아내야 한다

죄의식이란 도덕이나 양심의 기준대로 행동하지 못했을 때 생기는 죄책감을 가리킨다. 이런 감정은 성인군자가 아닌 이상 누구나 조금씩 갖고 산다. 하지만 정도가 너무 심해 정신분석학에서 말하는 '도덕적 불안'에 까지 이르면 행복에 걸림돌이 된다. 우울, 강박, 신경쇠약, 공황장애 같은 질병으로 이어질 수도 있다.

러셀은 『행복의 정복』에서 죄의식을 불행의 중요한 요인으로 꼽았다. 죄의식은 절망감을 불러일으킬 뿐만 아니라 자존심을 훼손하기 때문에 서둘러 탈피해야 한다면서, 죄의식을 갖게 되는 원인을 분석하고 그것을 최소화할 방법을 모색했다.

러셀에 따르면, 죄의식에 사로잡혀 사는 사람은 자신을 열등한 존재로 여긴다. 자기보다 우월해 보이는 사람들에게 원한을 품으며, 남을 칭찬하기보다 비난하거나 시샘하는 경향이 있다. 또 자신이 불행하다는 생각 탓에 다른 사람들에게 무리한 요구를 하기 쉽고, 이는 불쾌감을 주기 때문에 갈수록 외톨이가 된다. 결국 절망감은 커지고 마음이 피폐해진다.

삶에서 합리적 죄의식은 나쁘지 않다. 사회적으로 합의한 도덕 원칙에 비춰볼 때 비난받아 마땅한 행위를 했다면 당연히 죄의식을 가져야 한다. 이런 감정은 양심의 가책을 느낌으로써 적절히 반성하고, 장래에 규율을 잘 지키도록 이끄는 순기능을 지닌다. 그런 점에서 합리적 죄의식은 도덕과 양심의 나침반으로, 유익하다고 할 수 있다. 책임감 있는 사람이 되는 데 필수적인 요소이기도 하다. 명백한 죄를 짓고도 죄의식을 느끼지 않는 사람은 비난의 위기를 일시 모면하더라도 언젠가 불행의 골짜기로 떨어질 가능성이 높다.

러셀의 주된 관심사는 '불합리한' 죄의식이다. 전혀 가질 필요가 없는 이런 죄의식을 그는 '미신적 도덕 원칙에 굴복하는 것'으로 규정했다. 주로 어린 시절 부모를 통해 취득한 청교도적 도덕률 때문에 생기는 것으로, 합리적·과학적 근거가 없는 경우가 많다고 보았다.

그는 『행복의 정복』에서 무의식에 깊이 뿌리내린 죄의식은 대부분 여섯 살 이전 어머니한테 받은 도덕 교육에서 비롯된다며 이런 예를 들었다. 아이는 욕하는 것은 못된 짓이며, 고상한 말만 써야 하고, 술은 나쁜 사람들만 마시는 것이며, 담배는 최고의 미덕과는 어울리지 않고, 거짓말을 해서는 안 된다고 배운다. 그리고 으뜸가는 가르침은 성에 대한 관심이 더럽다는 것이다.

러셀은 이런 가르침이 불합리한 죄의식을 유발하며, 위와 같은 어머니의 가르침을 평범한 사람의 일상적인 생활에 그대로 적용하는 것은 합리적이지 않다고 진단한다. 금욕주의자가 아니면 실천하기 힘든 가르침이 무의식 속에 숨어 있다가 불쑥불쑥 죄의식으로 나타나는 것은 여간 불행한 일이 아니다.

이렇게 불거진 죄책감은 가르침을 지키지 못했다는 괴로움이 되고, 급기야 스스로 타락해 간다는 생각으로 번진다. 어린 시절 누렸던 부모의 따뜻한 보살핌이 사라진 상태에서 죄의식이 솟아나면 '어차피 죄를 지을 바에야 더 철저하게 짓고 말자'라는 나쁜 생각을 하게 된다는 것이 러셀의 분석이다.

기독교에서는 창세기 속 선악과 이야기를 근거로 모든 인간은 죄성罪性을 안고 태어난다는 원죄론을 취한다. 하느님이 선악을 구별할 수 있게 하는 열매를 따 먹시 말라고 경고했음에도 최초의 인간인 아담과 하와가 뱀의 유혹을 받아 이를 어겼기 때문에 악을 알게 되고, 또 행하게 되었다는 교리다. 기독교에 비판적이었던 러셀은 이런 신학적 이론이 기독교 신자들을 괜히 힘들게 만든다고 진단한다. 과학적 합리성을 결여한 이론이 신자들에게 죄의식을 심어 준다는 것이다. 프리드리히 니체도 비슷한 주장을 했다. 기독교 윤리가 인간에게 죄책감을 심어 자유를 제한하니, 그런 속박에서 벗어나 더 강하고 자유로운 존재로 성장해야 한다는 것이다.

러셀은 피곤하거나 몸이 아프거나 술에 취했을 때 의식적 의지가 약화되어 죄의식이 활발하게 나타난다고 했다. 그는 『행복의 정복』에서 불합리한 죄의식에서 벗어날 수 있는 방법을 구체적으로 제시했다. 먼저 어린 시절 무의식 속으로 파고든 죄의식의 경우, 그것이 합리적이지 않다는 사실을 분명하게 인식하는 것이 중요하다. 만약 자신의 이성에 비추어 나쁘지 않다고 판단되는 행동에 대해 양심의 가책을 느낀다면 그 원인을 낱낱이 파헤쳐 그것이 아무런 합리적 근거가 없다는 확신에 이르러야 한다.

그는 비합리적인 생각을 허용하지 않겠다는 결심을 확고히 하고, 그런 생각이 다시는 자신을 지배하지 못하도록 해야 한다면서 이성과 유아기 어리석음 사이에서 방황하는 사람이 되어서는 안 된다고 말했다. 자신의 어린 시절을 지배했던 사람들이 안겨준 기억을 무시하는 것을 겁낼 필요가 없다고도 했다.

러셀은 심한 죄의식을 신의 계시나 어떤 고귀한 행동을 하라는 요구로 받아들이지 말고 질병, 혹은 약점이라고 생각하는 것이 좋다고 했다. 이를 해소할 방법 역시 미신적 도덕 원칙에서 탈피하는 것이다. 어떤 종류, 어떤 수준의 죄의식이든 이성의 도움 없이는 극복할 수 없으며, 그 이성의 중심에는 과학이 자리한다. 과학적 근거가 없으면 모두 미신이다.

일상생활에서 자질구레한 죄는 누구나 지을 수 있음을 인식할 필요가 있다. 성인이 아닌 이상 부도덕하거나 양심의 가책을 느끼게 하는 언행을 전혀 하지 않고 살 수는 없다. 우발적 실수는 아무리 조심해도 저지를 수 있다. 현행법을 의도적으로 위반한 죄는 당연히 처벌받아야겠지만, 사소한 죄라면 반성의 과정을 거쳐 하루 빨리 털고 일어나야 한다. 칼릴 지브란도 저서 『예언자』에서 우리 모두를 격려해 준다.

"여러분 가운데 한 사람이 넘어졌다면 뒤에 오는 사람들에게 걸림돌이 있음을 경고하기 위해 넘어진 것이다. 그는 앞서 간 사람들을 위해 넘어진 것이기도 하다. 앞서 간 사람들이 비록 빠르고 확신에 차 걸어갔을지라도 그 걸림돌을 치워 주지 않고 지나갔기 때문이다."

자책감도 죄의식만큼은 아니더라도 불행의 중요한 요인으로 작용한다. 과거의 사소한 잘못을 자책해 봤자 현실은 조금도 바꾸지 못하고 감정 에너지만 소모할 뿐이기 때문이다. 신세를 한탄하다 무기력증이나 우울, 불안을 야기할 수 있다.

우리는 일상에서 자책하는 사람을 흔하게 본다. 누군가를 공개적으로 비판하는 바람에 그의 인격에 손상을 입혔다고

생각하는 사람, 험담을 했다가 그 사람이 알게 되어 괴로워
하는 사람, 말실수를 한 사람 등은 심리적 불안을 느끼게 된
다. 한 달에 한 권씩 독서하기로 계획했다가 지키지 못한 사
람, 운동이나 다이어트를 시작했다가 불과 일주일 만에 포기
한 사람, 금연이나 절주를 호언장담했다가 작심삼일이 된 사
람도 기분이 좋을 리 없다. 약한 의지력에 대한 책망이 자신
을 괴롭힌다. 더욱이 이것이 타인에게 드러날 경우 수치심마
저 뒤따르게 된다.

　뉘우치고 반성하는 것은 향후 잘못을 되풀이하지 않도록
한다는 점에서 의미가 있다. 하지만 지속적으로 자기를 책망
하는 것은 백해무익하다. 이미 지나가 버렸기에 어떠한 노력
으로도 되돌릴 수 없기 때문이다. 미래에 대한 걱정이 '대부
분' 쓸모없는 것이라면, 과거에 대한 자책은 '전부' 쓸모없는
것이라고 말할 수 있다. 자기 책임을 솔직하게 인정하되 나쁜
감정에서 빨리 벗어나는 것이 상책이다.

　심리학자 웨인 다이어는 『행복한 이기주의자』에서 죄책감
혹은 자책감에서 벗어나는 여러 방책을 소개했다. 그 가운데
가장 좋은 전략은 지나간 일은 결코 바꿀 수 없다는 사실을
깨닫는 것이다. "내가 과거에 대해 어떤 생각을 갖고 있든 과
거는 하늘이 두 쪽 나도 달라지지 않는다는 사실을 명심하라.
그것은 이미 끝난 일이다."

19.

훌륭한 소설에도 지루한 대목이 있다: 권태

자극을 찾지 말고 적정 수준의 권태를 즐겨라

가수 노사연이 언젠가 TV 프로에 출연해 이런 말을 한 적이
있다. "결혼한 지 2년쯤 되었을 때 첫 권태기가 왔는데, 오물
거리며 밥 먹는 남편의 입이 꼴 보기 싫더라. 5년쯤 뒤 두 번
째 권태기 때는 잠자는 남편 머리 위로 벽에 걸어 둔 액자가
떨어졌으면 좋겠다는 생각이 들었다. 결혼하고 10년쯤 지나
서야 그저 다 봐주게 되더라."

　우스갯소리 잘하는 연예인의 다소 과장된 이야기지만, 권
태의 실상을 담고 있다. 권태는 누구한테나 흔하게 찾아올 수
있는 감정으로, 일상의 모든 일이 시들해지면서 생기는 게으
름이나 지겨움, 싫증 따위를 말한다. 매사에 흥미와 의욕을
잃게 된다는 점에서 고통스럽고, 열정이 사라지기 때문에 우

울하기 십상이며 무기력증이나 허무감도 몰고 온다. 배우자나 직장 동료, 친구 등 가까운 사람들이 갑자기 싫어지기도 한다.

『군주론』의 저자 니콜로 마키아벨리에게 권태란 감당하기 힘든 것이었던 모양이다. "세상에서 가장 무서운 것은 가난도 걱정도 병도, 아니다. 그것은 바로 삶의 권태다." 불세출의 화가 레오나르도 다빈치는 한술 더 떠 "권태보다 차라리 죽음을 달라."라고 했다.

삶에서 권태를 한 번도 느껴 보지 않은 사람은 거의 없을 것이다. 열심히 살면 열심히 살아서 권태가 오고, 대충 살면 대충 살아서 권태가 온다. 열성을 다해 공부하는 학생, 생계를 위해 분투하는 가장, 가사와 육아에 여념이 없는 주부, 장기근속 중인 공무원 등등 누구에게든 어느 날 갑자기 권태가 찾아올 수 있다. 사춘기나 갱년기가 겹치면 증상이 더 심하다.

러셀은 이런 권태가 행복과 불행에 미치는 영향에 깊은 관심을 기울였다. 그가 말하는 권태 대처법을 한마디로 요약하면, 지나친 욕망이나 자극을 배제하고 적정한 수준의 권태를 받아들여 단순하고 조용한 삶을 사는 것이다. 그것이 행복의 지름길이고, 그 길에서 멀어질수록 불행에 점점 더 가까워진다.

러셀은 현대사회의 경우 과거에 비해 권태의 정도가 덜하지만, 그것에 대한 두려움은 훨씬 더 깊다고 진단했다. 그가 보기에 권태의 반대는 쾌락이 아니라 자극이며, 권태에서 벗어나려고 지나친 자극을 추구하는 과정에서 많은 문제가 발생한다. 러셀은 『행복의 정복』에서 인류가 저지르는 죄악의 절반 이상은 권태에 대한 두려움에서 비롯된 것이라고 주장했다. 권력자들에 의해 자행되는 전쟁이나 학살, 박해는 모두 부분적으로는 권태에서 도망치기 위한 방편이라는 그의 진단은 눈여겨볼 만하다.

개인적 삶의 영역에서도 마찬가지다. 지나치게 많은 자극은 건강을 해칠 뿐만 아니라, 모든 종류의 쾌감에 대한 감각을 무디게 만든다는 게 러셀의 생각이다. 그것은 근본적인 만족감을 표면적인 쾌감으로, 지혜를 얄팍한 재치로, 아름다움을 생경한 놀라움으로 바꾸어 버린다. 실제로 모든 자극은 밑 빠진 독이나 마찬가지다. 한 번 자극에 길들여지면 더 강하고 새로운 자극을 끊임없이 찾게 된다.

러셀은 권태가 전적으로 나쁜 것은 아니며, 적정 수준의 권태는 지나치게 많은 자극보다 나쁠 것이 없다고 했다. 권태 자체가 유익하지는 않더라도 그것을 어느 정도 참아 내는 능력을 갖추는 것은 행복을 위해 중요하다. 특히 어린이나 젊은이에게 그렇다. 러셀은 어린이나 젊은이가 진지하면서 건설적인 목적을 가지고 있고, 권태가 반드시 견뎌 내야 하는 것임을 이해하게 된다면 자진해서 참아 낼 것이라고 말한다.

러셀은 특히 어린이에게는 순간적 쾌락을 차단할 필요가 있다고 주문한다. 일시적이면서도 자극적인 쾌락은 그것이 끝나는 순간 답답함과 불만, 알 수 없는 허기를 느끼도록 만든다. 그런 쾌락을 즐기는 일 대신 길러 줘야 할 것은 단조로운 삶을 견디는 능력이다. 단조로운 삶에 지겨움을 느끼지 않을 줄 알아야 한다.

프리드리히 니체도 욕망이 충족되어 발생하는 권태를 삶의 불가피한 감정으로 여겼다. 그리고 그것을 극복하기 위해서는 삶에 대한 긍정적인 마인드를 갖는 것이 중요하다고 봤다. 그에게 권태는 반드시 부정적인 감정이 아니며, 목표한 바를 성공적으로 이끄는 데 어느 정도 필요한 것이었다. "권태는 얼어붙은 삶의 의지를 녹여 주는 봄바람이다."

아르투어 쇼펜하우어는 "삶은 욕망[고통]과 권태 사이를 오가는 시계추와 같다."라고 했다. 그의 주장은 이렇게 요약할 수 있다. 모든 인간은 태어나면서부터 욕망을 갖는다. 욕망이 있는 한 그것을 추구하는 과정에서 필연적으로 고통이 따른다. 욕망을 이루고 나면 행복을 느끼지만 잠깐일 뿐이다. 또 다른 욕망을 추구하지 않는 한 곧바로 권태에 빠진다.

쇼펜하우어가 말하는 권태는 젊은 부부들도 흔하게 경험한다. 사랑에 빠져 결혼하지만, 그 쾌감은 오래가지 않는다. 결혼 생활에서 매너리즘은 피하기 어려운 것이다. 그것을 제대로 수용해 지혜롭게 극복하지 못하면 갈등과 파경을 맞게 된다. 명문대 입시에 성공한 대학생이나 대기업 취업 목표를 달성한 직장인도 마찬가지다. 누구에게나 목표 달성에 따른 성공의 희열은 잠깐일 뿐이다. 곧이어 밀려드는 공허한 느낌과 권태를 자연스러운 것으로 받아들이고 스스로 활력을 지켜야 한다.

러셀은 아무리 훌륭한 소설에도 지루한 대목이 있다고 말한다. 첫 장부터 마지막 장까지 시종일관 재치 넘치는 소설은 오히려 훌륭한 작품이 아니라고 할 수 있다. 역사상 위대한 사람들의 생애 역시 몇몇 위대한 시기를 빼놓고는 그다지 흥미로울 것이 없었다.

그렇다. 소크라테스의 경우 재판에 임할 때나 독약을 마실 때는 대범하고도 의연한 언행으로 많은 사람에게 찬사를 받았다. 하지만 평소에는 매일 아테네 광장에 나가 청년들과 토론이나 하다 귀가했을 것이다. 노벨 평화상을 받은 슈바이처 박사나 테레사 수녀도 긴 시간 거의 똑같은 모습으로 환자를 치료하거나 빈민들을 돌보았을 것이다. 그들에게 지겨움이나 싫증이 없었을 리 없다. 하지만 스스로 선택한 일이기에 기꺼이 감당했을 것이다.

결국 무엇보다 중요한 일은 권태란 일상에서 불가피한 깃임을 인식하고 담담하게 수용하는 것이다. 호기심이나 떨림, 감격이 항상 가까울 수 없다는 사실을 깨닫고, 익숙하고 당연한 것을 소중히 여길 줄 알아야겠다. 매사에 감사하는 마음이 바로 그것 아닐까?

오늘 아침 건강한 상태로 침대에서 일어나 또 다른 하루를 시작하는 것에 감사하자. 나는 매일 아침 쥘 르나르의 시 「아침 기도」를 묵상하며 하루를 시작한다. "눈이 보인다, 귀가 즐겁다, 몸이 움직인다, 기분도 괜찮다, 고맙다, 인생은 참 아름답다." 직장인이라면 매일 출근할 곳이 있다는 사실에 고마워할 줄 알아야 한다. 결혼한 사람이라면 배우자가 건재하다는 사실만으로도 감사할 수 있어야겠다.

익숙하고 당연한 일에 싫증이 나고 견디기 어려운 나머지 새로운 일에 도전하는 것은 얼마든지 좋다. 특히 젊은이의 경우 추가적인 욕망으로 활력을 얻는다면 삶이 더 큰 기쁨으로 채워질 수 있다. 개인의 발전과 성장은 대부분 이렇게 해서 이루어진다. 그러나 뚜렷한 목표도 없이 권태에서 탈출하는 데 급급한 나머지 자극을 찾아 나서는 것은 위험한 일이다. 그렇게 해서 순간적인 쾌락을 얻어 봤자 곧바로 피로감과 자기 혐오감에 직면할 것이다. 이런 식의 권태 탈출 시도는 사회적 일탈의 형태로 나타나기 쉽다. 권태를 두려워하는 사람의 전형적인 모습이다.

진정한 행복을 원한다면 권태를 두려워할 것이 아니라 일정 수준 받아들여 즐길 줄 알아야 한다. 지금 당장 권태에서 벗어나기 어렵다고 판단될 경우 그것을 제거하기보다 인정하고 관리하는 데 집중해야겠다. 그 결과는 바로 조용한 일상에

만족할 줄 아는 삶이다. 행복한 인생이란 대부분 조용한 삶이
고, 진정한 기쁨은 조용한 분위기 속에만 깃든다는 러셀의 말
은 그래서 더 의미 있게 다가온다.

러셀에게 불행이란?
자신을 향한 지나친 몰입이 불행의 원인이다

러셀은 어린 시절 자신이 무척 불행하다고 여겼다. 객관적 환경도 그러했다. 영국 최고 명문가에서 태어났지만 2세 때 어머니를, 4세 때 아버지를 잇달아 여의었다. 조부모 집에서는 경제적으론 풍족했지만 언제나 외톨이였다.

『행복의 정복』에서 그는 삶을 증오한 나머지 늘 자살할 생각을 품고 살았다고 회고했다. "어렸을 때 나는 〈세상에 지친 이 몸에 죄로 된 짐을 지고〉라는 찬송가를 가장 좋아했다. 내 나이 다섯 살 때, 만일 일흔 살까지 산다고 가정하면 이제 겨우 일생의 14분의 1을 견딘 셈이니, 내 앞에 길게 뻗어 있는 인생의 지루함이 얼마나 견디기 어려울까 하는 생각을 했었다."

다행히 대학 진학을 계기로 불행의 늪에서 벗어났지만, 어린 시절의 경험이 『행복의 정복』을 저술하는 데 좋은 밑거름이 되었으리라 짐작된다. 러셀은 불행의 뿌리라 할 수 있는 경쟁, 질투, 걱정, 외로움, 죄의식, 권태, 허영심, 자기도취, 피해망상 등은 모두 지나칠 정도로 자기 자신에게 몰입하기 때문에 생긴다고 진단했다. 따라서 불행의 뿌리를 도려내기 위해서는 삶의 시선을 외부로 돌려야 한다. 해적도 되어 보고, 보르네오의 왕도 되어 보고, 소련의 노동자도 되어 보라고 말한 그의 말처럼 세상으로 나가야 한다.

러셀은 자기에게 닥친 불행의 원인이 마음속에 있다고 판단되면 그 정체를 찾아내 정확히 분석한 다음 맞서 싸우라고 했다. 그는 누구에게나 감옥에 갇힌 상태에서 행복을 누린다는 것은 본질적으로 불가능하다고 얘기했다. 체념하거나 숨어들지 말라는 뜻이다. 청소년 시기에 삶이라는 감옥에서 오랫동안 고통스러워했던 철학자의 경험에서 우러나온 조언이다.

제5장

행복을 정복하라

20.

영리한 사람은 부자가 되어도 일한다: 일

지금 하고 있는 일을 즐기는 사람이 이긴다

러셀은 일하는 사람은 덜 불행하다고 했다. '행복하다'가 아니라 굳이 '덜 불행하다'라고 한 이유는 뭘까? 일을 한다고 해서 반드시, 혹은 크게 행복하지 않을 수도 있지만 불행을 줄이기 위해서는 그나마 일하는 것이 낫다는 생각이 담겼다고 본다.

대부분의 행복 연구자들은 일을 예찬하며 일해야 행복하다고 말한다. 그러나 러셀의 생각은 조금 다르다. 세상에는 따분한 일이 너무나 많고, 또 지나치게 많은 일이 고통을 주기 때문에 일이 행복이 아니라 불행일 수도 있다고 봤다. 그럼에도 그는 진정한 행복을 원한다면 일을 하는 것이 좋다고 했다. 그는 저서 『행복의 정복』에서 영리한 부자는 가난한 사람들처럼 열심히 일하고, 부유한 여성들도 수많은 사소한 일을 중요한 일이라 믿으며 분주하게 살아간다고 말했다.

그는 할 일 없는 부자들 중에는 심한 권태에 시달리는 사람이 많다면서, 이를 예방하거나 치유하는 데 일만큼 좋은 것은 없다고 했다. 할 일이 있기 때문에 삶에 활력이 넘치고 다가오는 휴일도 달콤하다. 지나치게 힘든 일이 아닌 이상 일을 하는 사람이 하지 않는 사람보다 매사에 긍정적이기도 하다.

또한 러셀은 일이 성공이나 기회, 희망을 열어 준다는 점을 중시했다. 인간이라면 누구나 갖고 싶어 하는 돈이나 권력, 명예는 일하는 사람에게 주어진다. 노는 사람은 얻기 어렵다. 러셀은 자신의 야망을 지속시키는 것은 최종적인 행복에 도달할 수 있게 해 주는 본질적인 요소인데, 대부분 일을 통해서 그 야망을 지속시킬 수 있다고 말한다.

맞는 말이다. 대부분의 일은 돈·권력·명예 등을 쟁취하려는 야망의 통로 역할을 하고, 그런 점에서 본질적으로 만족감을 제공한다. 지금 하는 일이 비록 지루하거나 힘들더라도 그 만족감 덕분에 덜 불행하다. 사실 일은 큰 부자가 아닌 이상 누구나 하지 않으면 안 되는 인간의 업보인지도 모른다. 칼릴 지브란은 저서 『예언자』에서 일을 이렇게 묘사했다. "여러분이 일을 할 때면 대지의 가장 심원한 곳, 그것이 태어날 때부터 여러분에게 맡겨진 그 꿈의 일부를 실현하는 것이다. 여러분이 일을 할 때면 여러분은 사실 삶을 사랑하고 있는 것이다. 일을 통해 삶을 사랑하는 것은 삶의 그지없이 그윽한 비밀을 알아내는 것이다." 긍정적이어서 다행이다.

천지를 창조했다는 하느님도 6일 간 일한 뒤 쉬었으며, 만족스러웠기에 더없이 행복했을 것이다. 창세기에 따르면, 하느님조차 첫째 날 빛과 어둠부터 시작해 마지막 엿새째 날 사람을 창조하기까지 꾸준히 일했다. 일한 결과 모든 것이 만족스러웠다. "하느님께서 보시니 손수 만드신 모든 것이 참 좋았더라."

그렇다. 인생에서 일이 피할 수 없는 것이라면 자기가 하는 일에 각별한 의미를 부여함으로써 만족감을 느낄 수 있어야겠다. 러셀은 일에 재미를 더해 만족감을 느끼게 하는 중요한 요소로 기술 발휘와 건설 두 가지를 제시했다. 나만이 할 수 있는 고난도의 일을 익히거나 찾아서 공동체에 이익이 되는 무언가를 만들어 내는 기쁨은 자못 크다. 파괴적인 일을 멀리하고 건설적일 일을 도모하는 즐거움도 마찬가지다. 지식과 과학을 중시했던 철학자의 생각이 반영된 제안일 것이나, 각기 처한 조건이 다르니 그 한두 가지에 국한할 필요는 없다고 본다. 가정환경이나 성장 배경, 지식 수준, 심지어 인생관의 차이에 따라 일을 대하는 시각이나 태도는 천태만상일 수 있다.

러셀은 위대한 일에 종사하는 사람이라고 해서 반드시 행복을 누린다고 말할 수 없으나 위대한 일이 그 일에 종사하는 사람의 불행을 덜어 주는 것은 분명하다고 보았다. 그는 『행복의 정복』에서 윌리엄 셰익스피어의 예를 들며 셰익스피어가 쓴 작품 중에는 친구를 생각하면서 인생과 화해하게 되었다는 내용의 시가 있는데, 친구에게 보낸 그의 시들은 아마 친구가 아니라 자기 자신에게 더 큰 만족감을 주지 않았을까 생각했다고 말한다.

자기가 하는 일에 각별한 의미를 부여하기 위해서는 무엇보다 스스로 그 일을 사랑해야 한다. 의미를 만들어 내는 것은 전적으로 자기 자신의 몫이다. 평생 인도 빈민촌에서 헐벗고 굶주린 사람들을 돌보았던 테레사 수녀는 이런 말을 남겼다. "화려한 일을 추구하지 마라. 중요한 것은 자신의 재능이며, 자신의 행동에 쏟아 붓는 사랑의 크기다."

주어진 일을 수행하는 데 일정한 재능이 있고, 그 일을 진심으로 사랑한다면 누구나 만족감을 느낄 수 있다는 말이다. 남들 보기에 번듯하고 많은 사람이 부러워하는 일이라고 해서 반드시 만족감이 큰 것은 아니다. 이런 사실을 잘 알면서도 남의 시선에 떠밀려 원하지 않는 일을 선택하는 사람은 어리석다고 하지 않을 수 없다. 더구나 단지 화려해 보인다는 이유로 그런 일을 찾는 데 많은 시간과 노력을 할애한다면 소중한 인생을 속절없이 허비하는 것이나 마찬가지다.

청년들 사이에서는 의사와 변호사가 직업으로 단연 인기다. 간판이 화려한 데다 많은 수입을 올릴 수 있기에 당연하다 할 수도 있겠다. 거기다 과거에 비해 진입 장벽이 낮아져

너도 나도 도전장을 내미는 형국이라 과열을 우려하는 목소리도 나온다. 중요한 것은 적성인데, 능력이 뒷받침되고 적성이 맞으면 말릴 이유가 없다. 조금 무리해서 시간과 노력을 투자하더라도 도전할 가치가 있다. 하지만 적성이 전혀 맞지 않는데도 세상의 기대나 부모 등쌀에 떠밀려 그런 길을 가는 모습은 안쓰럽다. 의사와 변호사의 진입 장벽이 지금보다 훨씬 높았던 과거에도 길을 잘못 들었다는 생각에 되돌아 나오느라 고생한 사람이 적지 않았음을 명심해야 한다.

한 번뿐인 인생에서 자신이 진정 하고 싶은 일을 찾아 선택하는 것은 참으로 중요하다. 진심으로 좋아하는 일에 능력을 발휘하며 사는 사람은 행복할 수 있다. 덤으로 성공까지 따른다면 더할 나위 없다. 삶을 자기 주도적으로 살아야 한다고, 내 삶의 주인공이 되기 위해 욕심 부려야 한다고 인생 선배들이 조언하는 이유다.

조선 후기 재야 실학자 위백규는 진정으로 하고 싶은 일, 즉 학문에 인생을 바쳤다. 그는 어린 시절 지극히 명석해 가족 친지들의 주문이 많았다. 이런 책을 읽어라, 이런 선비들을 사귀어라, 이런 벼슬이 좋다, 이런 사람이 되기 바란다 등등. 그는 귀담아듣지 않았다. 불과 10세 무렵 자기 방에다 이런 글귀를 붙여 놓고 주변의 온갖 개입과 간섭을 물리쳤다. "남을 보기보다 나 자신을 보고, 남에게서 듣기보다 나 자신에게 들으리라與其視人寧自視, 與其聽人寧自聽." 그는 남이 좇는 꿈,

남이 욕망하는 행복을 추구하지 않고 오로지 자기 하고 싶은 대로 인생을 설계하고 즐겼다. 세속적으로 크게 출세하지는 못했지만, 학문만큼은 당대 정상급이라는 평가를 받았다. 고향에 머물러 살며 장수까지 했으니 무척 충만한 삶이었을 것이다.

모든 사람이 위백규처럼 하고 싶은 일에 몰두하며 살 수는 없다. 그게 가능하다면 얼마나 좋겠는가? 일자리 불균형은 불가피하고, 때론 하기 싫은 일이라도 하고 살아야 한다. 좋아하지 않지만 하지 않으면 안 되는, 반드시 해야 하는 일이 수없이 많다. 그래도 우리에게 소설『좁은 문』의 저자 앙드레 지드가 위안을 준다. "행복의 비결은 좋아하는 일을 하는 것이 아니라 해야 할 일을 좋아하는 것이다." 지금 하고 있는 일이 썩 내키지 않더라도 어차피 해야 하는 일이라 여겨 좋아하면 행복하다니, 참으로 멋진 조언이 아닌가.

지금 하는 일에 자부심을 갖는 것이 행복에 가까워지는 길이다. 러셀도 이를 중시했다. 비록 자기 수준에 맞지 않는다고 생각되는 일, 그다지 하고 싶지 않은 일, 남들 보기에 하찮아 보이는 일을 하더라도 자부심을 가져야 한다.

중년을 넘긴 환경미화원이 땀과 먼지를 뒤집어쓴 채 일하면서도 지나가는 사람들에게 항상 웃음을 지었다. 어떤 대학생이 그에게 묻는다. "아저씨는 청소하는 일이 무척 힘들 텐데 계속 웃음이 나옵니까? 요즘 월급이 많은가 봅니다." 환경미화원은 이렇게 대답했다. "나는 지금 지구 한 모퉁이를 쓸고 있다오. 누군가는 해야지."

이런 자부심이야말로 행복의 원천이다. 원래 좋아했던 일이 아니라도 누군가 반드시 해야 할 일, 혹은 주어진 일을 하고 또 좋아하게 되면 그로부터 즐거움이 생길 것이다. 즐겁게 일하는 사람의 삶에 행복이 깃드는 것은 자연스러운 귀결이다. 아래 격언이 그 이치를 명징하게 드러낸다.

"천재는 노력하는 사람을 이길 수 없고, 노력하는 사람은 좋아하는 사람을 이길 수 없고, 좋아하는 사람은 즐기는 사람을 이길 수 없다."

21.

좋아하는 분야가 많을수록 행복하다: 열정

열정이 도를 넘지 않게 하는 네 가지 요소

러셀은 열정이 넘치는 사람이었다. 위대한 철학자, 수학자 정
도로 알려져 있지만 정치학, 역사학, 종교학, 교육학, 물리학
에서도 큰 업적을 남겼다. 다방면의 많은 저서가 이를 증명한
다. 천재였기에 가능했겠지만, 남다른 열정도 큰 몫을 했다고
본다. 또한 그는 발군의 문필가였다. 틈만 나면 미국과 유럽
각국 신문과 잡지에 글을 써 이름을 알렸다. 나이 들어서는
소설도 썼다. 노벨 문학상은 이런 노력의 결실이다. 노년에는
핵무기 반대 평화운동에 투신했으며, 90세를 넘긴 나이에 베
트남 전쟁의 잔학상을 폭로하기도 했다. 그만큼 세상사에 관
심이 많았다는 뜻이리라.

그는 자서전에서 살아 온 인생을 긍정적으로 평가하며 "만

일 기회가 주어진다면 기꺼이 다시 살아 보고 싶다."라고 썼다. 『행복의 정복』에서는 열정이 행복을 만든다고 단언했다. 그의 삶을 보면, 이 말이 결코 과장으로 들리지 않는다.

열정이 행복을 부르는 가장 큰 이유는 무엇보다 성취를 가져다주기 때문일 것이다. 헤겔은 "세상의 위대한 것 중에 열정 없이 이룩된 것은 없다."라고 했다. 발자크도 "열정이 인성人性의 전부"라고 거들었다. 열정이 없다면 종교, 역사, 소설, 예술이 제구실을 하지 못할 것이라고 강조했다.

그렇다. 열정은 인생사 최고의 경쟁력이라고 해야겠다. 사회나 조직은 물론, 개인을 탁월하게 만드는 필수 요소다. 학업 성적을 올리는 데도, 든든한 직장을 얻는 데도, 사업 규모를 키우는 데도, 좋은 친구를 사귀는 데도, 멋진 사랑을 쟁취하는 데도 열정이 필요하다. 인생에서 열정을 가진 사람은 그것이 없는 사람에 비해 훨씬 유리하다. 열정은 마법 같아서 누구에게나 열정이라는 자양분이 공급되면 능력이 배가된다.

성공 여부와 관계없이 열정을 가진 사람은 대부분 행복하다. 매사에 무기력한 사람과 비교해 보라. 열정적인 사람은 크든 작든 삶의 목표가 있기에 활력이 넘친다. 새로운 것에 대한 호기심으로 배움의 사세를 취하기에 하루하루가 기쁘고 즐겁다. 무기력한 사람은 두말할 필요도 없이 그 반대다.

러셀은 열정이 관심과 흥미에 달렸다고 보았다. 우리들 대부분은 어떤 것에 관심이 생기는 순간 권태에서 벗어나게 된다. 활력을 얻는다는 뜻이다. 이는 자연스럽게 열정적인 흥미로 이어진다. 『행복의 정복』에서 그는 관심 분야가 많은 사람이 행복하다고 강조했다. 그런 사람일수록 행복해질 기회가 그만큼 늘어나고, 불행의 여신에게 휘둘릴 가능성이 그만큼 줄어든다는 것이다. 설령 어떤 것을 잃더라도 다른 어떤 것에 의지할 수 있기 때문이란다.

연장선상에서 러셀은 인생의 폭을 협소하게 제한하지 말고 넓은 세상으로 나가라고 당부했다. 인생의 폭이 지나치게 좁으면 사소하고 우연한 사건에 인생의 모든 의미와 목표가 한순간 훼손될 수도 있기 때문이다. 여러 낯선 곳에서 멋진 경험을 쌓는 사람은 자연히 관심사가 다양해지고 그만큼 흥미와 열정도 솟아날 것이다.

그렇다고 열정이 모든 사람에게 손쉽게 주어지는 것은 아니다. 소극적이거나 조심성이 많은 사람은 새로운 것에 관심 갖는 것 자체를 꺼린다. 흥미의 불씨도 댕겨지지 않는다. 자기 계발 전문가들은 이구동성으로 숨겨진 자기만의 열정을 찾으라고 조언하지만 그게 쉽지만은 않다. 이 지점에서 『행복 중독자』(김민주·송희령 옮김, 생각연구소)의 저자 올리버 버크먼의 조언에 귀 기울여 보자. 그는 열정은 찾아내는 것이 아니라 만드는 것이라며, 잠 못 이루며 고민하고 애써 발굴해야 하는 특별한 것은 아니라고 말한다. 그냥 지금 하는 일을 조금 더 열심히 하다 보면 나도 모르는 사이에 열정이 생겨난다. 싫어하는 일도 마찬가지다.

열정이 관심과 흥미의 산물이라면 언젠가 관심 가졌던 일, 조금이라도 하고 싶었던 일을 찾아 실제 행동으로 옮겨 보는 것이 중요하지 않을까 싶다. '그 일을 왜 하려는 거지'라거나 '그 일을 꼭 해야만 할까'라는 의문이 들더라도 일단 한번 해 보는 것이다. 스스로에게 반드시 그 이유를 물어볼 필요도 없다. 단지 하고 싶으니까 해 보는 것이라고 생각하면 된다. 최소한 싫어하는 일은 아니니 어렵지 않게 흥미를 느낄 수도 있겠다.

예를 들어 중년 직장인에게 심각한 수준의 권태가 찾아왔다고 치자. '나는 왜 새로운 일에 대한 열정이 없을까?' '나는 왜 그럴듯한 취미나 특기가 없을까?' '남은 인생도 이처럼 무미건조하게 보내야 하는 걸까?' 하는 생각이 든다. 흔한 일이다. 그렇더라도 실망할 필요 없다. 중요한 것은 실천이고 행동이다. 특별히 싫어하는 일이 아니라면, 혹은 조금이라도 원하는 일이라면 일단 시작해 보는 것이다. 새로운 일을 하다 보면 내면 깊숙이 숨어 있던 자기만의 열정이 밖으로 드러날 수도 있다. 전혀 없던 열정이 생겨날 수도 있다. 이때 명심해야 할 것은 주위의 걱정스러운 시선이나 실패에 대한 두려움에 굴복하면 안 된다는 것이다.

지인 중에 20년 직장 생활에 매너리즘을 느낀 나머지 고민 끝에 사표를 내고 생선 횟집을 차린 사람이 있다. 어린 시절

바닷가 고향에 살 때 그랬던 일이다. 열정적으로 일하다 보니 돈을 꽤 벌었다. 틈틈이 가까운 곳에 봉사와 기부를 하면서 지역 사회 발전에 관심을 갖게 되었고, 지금은 지역 의원이 되어 왕성하게 활동하고 있다.

열정도 나이를 타는지라 나이 들수록 점차 줄어드는 것은 어쩔 수 없다. 외로움에 휩싸일 가능성이 큰 노년에 열정까지 잃는다면 일상이 피폐해질 수 있다. 하지만 열정이 모든 노인에게 줄어드는 것은 아닌가 보다. 젊은 사람 못지않게 왕성한 열정으로 노년을 즐기는 친척 아주머니가 한 분 있다. 평생 교직에 몸담으면서 시인으로 활동한 아주머니는 80세를 훌쩍 넘겼음에도 지역 사회에서 배우고 가르치는 일을 이어 간다. 컴퓨터 사용 능력과 문서 편집 솜씨는 자녀들 못지않게 뛰어나다. 현재 노인대학에서 한문을 공부하며 조교 역할을 자임하고 있다. 최근에는 뜨개질 작품을 모아 동네 성당에서 전시회를 연 데 이어, 신자들을 위한 재능 봉사에도 나섰다.

아주머니에게 열정이 대단하시다고 축하 문자를 보냈더니 이런 답신이 왔다. "저녁놀이 지려고 하네요. 해 떨어지기 전에 조그마한 능력이지만 남을 돕고 싶어 시작했어요." 아주머니의 해가 지려면 아직 한참 남은 듯싶다. 전쟁 영웅 더글러스 맥아더가 특별히 좋아했다는 새뮤얼 울먼의 시 「청춘」이 떠오른다. "청춘은 두려움을 물리치는 용기/ 안이함을 뿌리치는 모험심/ 그 탁월한 정신을 뜻하나니." 울먼이 78세 때

쓴 시다.

열정은 아예 없거나 너무 적은 것도 문제지만, 지나치게 많은 것도 문제다. 러셀이 이 부분을 유의미하게 지적한 것을 보면 주변에 그런 사람이 많았던 모양이다. 어쩌면 자기 자신이 그런 부류의 사람이어서 스스로 경종을 울리는 말일 수도 있겠다. 그는 열정이 불행의 원천이 되지 않으려면 일정 수준을 넘지 않도록 유지해야 할 요소가 있다며 특별히 다음 네 가지를 제시했다. 첫째 건강을 유지하는 것, 둘째 자신의 능력을 전체적으로 유지하는 것, 셋째 생계유지를 위해 충분한 소득을 유지하는 것, 넷째 가족에 대한 의무를 유지하는 것. 러셀은 이런 모든 것을 버리고 체스에 매달리는 사람은 본질적으로 알코올 중독자와 마찬가지로 위험하다고 말한다.

열정적인 사람 대부분은 빛나 보일 수 있지만, 그것도 지나치면 불행해질 수 있음을 적절히 지적한 것이다. 러셀은 열정을 말하면서 중용中庸의 삶을 강조했다. 세상만사 과유불급이라 하지 않았던가.

22.

노동이 인생의 목표일 순 없다: 게으름

슬기로운 게으름은 결코 나쁘지 않다

나는 어릴 때부터 '부지런해야 성공하고 행복할 수 있다'라는 말을 귀에 딱지가 앉도록 듣고 자랐다. 방학 숙제 표어 글귀로도 자주 써먹었던 '근면은 성공의 어머니'라는 격언은 지금도 머릿속 깊이 박혀 있다. 중·고교 시절 온몸으로 겪었던 새마을운동의 3대 정신 첫머리도 근면이었다.

　지금도 성장과 발전을 도모하는 사람에게 근면은 더없이 중요한 덕목이다. 게으른 사람이 큰 성취를 이룰 가능성은 언제나 희박하다. 동서고금 위인들이 이구동성으로 근면을 강조한 이유다. 특히 미국 건국의 아버지 중 한 명인 벤저민 프랭클린의 금언은 언제 들어도 고개가 끄덕여진다. "게으른 사람은 악마의 고용인이다. 그의 옷은 누더기고, 그의 음식은 굶주림이며, 그의 월급은 질병이다.” “게으름은 강철을 부식시키는 녹과 같아서 노동이 신체를 피곤하게 하는 것보다 훨씬 더 빠르게 우리 인생을 무기력하게 만든다.” 아무렴 게으름이 근면함을 이길 수야 있겠는가.

그런데 웬걸, 러셀은 게으름을 옹호하고 나섰다. 그는 근로가 미덕이라는 믿음은 사회를 위해서도, 개인을 위해서도 바람직하지 않다고 단언했다. 모두가 열심히 일하지 않으면 안 된다는 논리는 산업사회 이전에나 어울리며, 과학기술이 발달한 현대사회에서는 누구나 ‘놀 권리’를 향유할 여건이 된다는 것이다.

러셀은 근면을 칭송하는 문화는 노예 국가의 도덕이라고 비판했다. 노동이 인생의 목표일 수는 없다. 만약 노동이 인생의 목표가 될 만한 것이라면 사람들이 그것을 즐겨야 하는데, 실제로는 전혀 그렇지 않고 틈만 나면 피하려고 한다. 만약 노동에 기쁨을 느끼는 사람이 있다면 반대급부로 합당한 여가나 보상이 주어지기 때문이다. 러셀이 보기에 노동을 찬양하는 사람은 남에게 일을 시키는 사람이다. 노동이 미덕이라는 믿음은 자본가가 노동자들을 착취하기 위한 방편으로 심어 주었다고 할 수 있다.

러셀에게 행복이란 노동하는 중이 아니라 게으름 피우며 여가를 즐기는 가운데서 나오는 것이다. 누구나 게으를 수 있을 때 비로소 마음이 가벼워지고, 장난치고 싶어지고, 스스로 선택한 건설적이고도 만족스러운 활동에 전념할 수 있다. 이를 위해서는 일하는 시간을 줄이는 수밖에 없다. 그는 도시 노동자들의 긴 근로시간을 비판하며 '하루 4시간 근로'라는 획기적인 방안을 제안했다. 당시 유럽 국가들의 근로시간이 적게는 12시간, 많게는 15시간이었음을 감안하면 위정자나 기업인들에게는 정신 나간 소리쯤으로 들렸을 것이다. 하지만 러셀이 보기에 하루 4시간 근로는 모든 사람이 게으름을 향유하기 위한 필수 요소였다.

러셀은 『게으름에 대한 찬양*In Praise of Idleness*』(송은경 옮김, 사회평론)에서 사회를 현명하게 조직하여 아주 적정한 양만 생산하고, 근로자가 하루 4시간씩만 일한다면 모두에게 충분한 일자리가 보장되고 실업이 없어질 것이라고 말했다. 그리고 이런 생각은 부자들에게는 충격일 거라면서 왜냐하면 가난한 사람들에게 그렇게 많은 여가가 주어지면 그것을 어떻게 이용할지 모를 것이라고 믿기 때문이라고 덧붙였다.

우리도 비슷한 경험을 했다. 토요 휴무제 도입 당시 경영자들이 얼마나 가열차게 반대했던가. 생산성이 떨어져 기업이 어려워지면 고용이 줄어들어 실업자가 급증할 거라면서 말이다. 그런데 결과는 전혀 그렇지 않았다. 이후 주 52시간제 도입 때도 같은 일이 발생했으나 별 문제없이 정착되었다. 덕분에 근로자들은 유사 이래 가장 많은 여가를 즐기고 있다. 언젠가 주 4일제나 주 3일제도 가능하리라는 전망이 나오는 것도 당연하다.

러셀이 말하는 게으름은 노자의 무위자연無爲自然도 아니고, 대책 없이 일하기 싫어하는 사람들의 나태함도 아니다. 오히려 생산성을 염두에 두고 노동과 여가를 의미 있게 결합시켜 보자는 아이디어다. 그가 게으름을 찬양하는 이유는 즐겁고 가치 있고 재미있는 활동을 누구나 향유할 수 있는 세상이라야 행복하다는 생각 때문이다.

그는 하루 4시간만 일하는 세상의 강점을 조목조목 설명했다. 여가 시간에 여러 가지 방식으로 자기 발전을 도모함으로써 행복을 가꿀 수 있다는 것이다. 과학에 호기심이 있는 사람이라면 그것을 마음껏 탐닉할 수 있고, 어떤 수준의 화가든 밥걱정 하지 않고 마음대로 그림을 그릴 수 있다. 또 의료인은 틈틈이 첨단 의술을 익힐 수 있고, 교사는 새로운 지식을 쌓을 수 있다. 무엇보다 충분한 여가가 보장될 경우 신경쇠약이나 피로, 소화불량 대신 삶의 환희를 맛볼 수 있다.

러셀이 게으름을 찬양한 유일한 철학자는 아니다. 카렐 차페크는 게으름을 '정신 팔 것이 아무것도 없는 상태'라 했고, 피에르 쌍소는 '슬기로움이나 너그러움의 한 형태'라고 정의했다. 두 사람은 행복에 게으름이 필수라고 했다. 여가나 여유를 통한 행복을 떠올릴 때 생산성·효율성에서 벗어나는 상태를 염두에 두지 않을 수 없기 때문일 것이다. 이때 게으름은 마음에 평화를 안기고 삶의 균형을 잡아 주는 역할을 한다.

누구나 진정한 행복을 바란다면 게으름을 즐길 줄 알아야 한다. 게으름은 일상의 자유를 일컫는 다른 말이다. 로마의 정치가이자 저술가 키케로는 말했다. "진정 자유로운 사람이란 언젠가 한 번쯤은 그냥 아무것도 하지 않고 빈둥거릴 수 있는 사람이다."

봄날 오후 반려견과 뒷동산에 올라 잔디를 벗 삼아 따스한 햇볕을 만끽할 수 있는 사람, 그늘 좋은 큰 나무 밑에 누워 긴 낮잠을 즐길 수 있는 사람, 마음 맞는 친구와 함께 카페에서 점심시간도 잊은 채 수다 떨 수 있는 사람……. 생산성이나 효율성을 숭배할 필요가 없는 게으름이라면 그것이야말로 평화이고 자유이리라. 슬기로운 게으름이라면 결코 나쁘지 않다.

꼭 게으름이 아니라도 좋다. 진정 해 보고 싶은 일을 위해 여가 시간을 확보할 수 있다면 그보다 더한 자유가 어디 있겠는가. 시간에 구애 받지 않고 제주도 올레길을 완주하는 사람, 바빠서 제대로 읽지 못했던 그리스 로마 신화나『삼국지』나『토지』같은 대작을 완독하는 사람, 좋아하는 당구 실력 향상을 위해 매일 당구장을 찾는 사람……. 본인이 원하는 것이고, 일정한 성취가 보장되기에 행복이 깃들지 않을 수 없다.

러셀은 여가가 많이 주어지면 문명이 발전한다고 진단했다. 역사적으로 문명을 발전시킨 사람은 주로 유한有閑 계층이었다. 먹고 노는 사람들이 과학적 발견을 하고 예술을 발전시켰다는 것이다. 삶에 여유가 있어야 상상력과 창의성이 풍부해지기 때문에 그럴 것이다. 러셀은 철학을 일구고, 사회적 관계를 세련되게 만든 것도 유한 계층의 업적이라면서 만약 유한 계층이 없었다면 인류는 야만 상태에서 벗어나지 못했을 거라고 단언했다. 정치철학자 토머스 홉스가 "여가는 철학의 어머니"라고 규정한 것도 같은 맥락이라 생각된다.

자연에서 행복을 찾고자 했던 미국 시인 랠프 에머슨은 여가를 다이아몬드라고 불렀다. "여가 시간을 소중하게 생각하라. 여가 시간은 가공하지 않은 다이아몬드 원석이어서 그 가치를 아무도 알 수 없다. 잘 다듬으면 일상에서 가장 빛나는 귀한 보석이 될 것이다."

여가가 개인의 심성 개선에 도움이 된다는 러셀의 발상은 흥미롭다. 그는 누구나 여가를 통해 행복을 누리게 되면 친절해지고, 서로 덜 괴롭히게 되고, 남을 의심의 눈초리로 바라보는 일이 적어질 것이라고 했다. 마음에 여유가 생기기 때문일 것이다. 러셀은 『게으름에 대한 찬양』에서 '선한 본성'은 세상이 가장 필요로 하는 도덕적 자질이라며, 그것은 편안함과 안전함에서 나온다고 말한다.

삶에서 유용한 여가 시간을 많이 확보하려면 본인 스스로 일과 휴식을 적절히 구분할 줄 알아야 한다. 일할 때는 최선을 다해 열심히 하고, 놀 때는 누구보다 재미있게 노는 것이 중요하다. 주위를 둘러보라. 공부든 일이든 성과를 내는 사람은 예외 없이 그렇게 하고 있다.

일하는 것도 아니고 노는 것도 아닌 듯 어정쩡하게 시간을 보내는 사람에게 여유가 있을 리 없다. 맨날 시간 없다고 투덜댄다. 그런 사람은 일하는 시간도 노는 시간도 다 부족하게 느낀다. 게으름을 극도로 혐오했던 벤저민 프랭클린도 이 점을 분명히 했다.

"여가를 얻고 싶다면 일하는 시간을 유용하게 사용하라."

23.

노력과 체념의 경계에 서라: 중용

아름다운 포기는 용기이자 지혜다

영국 시인 윌리엄 블레이크는 말했다. "노력의 결과로 얻는 성과 없이는 참된 행복을 누릴 수 없다." 진정한 행복은 일정 수준의 성공을 전제로 한다는 뜻으로 이해된다. 돈, 권력, 명예 같은 세속적 성취는 결코 무시할 수 없는 요소다. 이를 위해서는 열정적인 노력이 뒤따라야 한다. 다른 행복 탐구자들도 땀과 눈물 없이는 행복을 얻을 수 없다는 데 대체로 동의한다. 미국 작가 엘리자베스 길버트는 "행복을 얻기 위해서는 싸우고 노력해야 한다."라고 역설했다.

한편 행복을 얻는 데 세속적으로 반드시 성공할 필요가 없다는 의견도 적지 않다. 성직자나 수도자들은 성공과 행복이 별개라고 말한다. 타인의 세속적 소유를 부러워하지 않고 현재 삶에 만족하고 감사한 마음을 가진다면 얼마든지 행복할 수 있다는 것이다. 성공하겠다며 피나는 노력을 기울이는 대신 적절히 체념할 줄 아는 사람에게도 행복이 찾아온다는 말이다.

삶에서 노력과 체념은 정반대 의미로 받아들여진다. 그렇다면 행복을 얻는 데 어느 쪽이 더 유리할까? 의견이 확연히 갈릴 수 있다. '포기하지 마라, 절대로 포기하지 마라.' '포기를 선택하는 것도 훌륭한 용기에 속한다.' 성공이 행복의 필수라고 생각하는 사람은 대체로 전자를, 성공하지 않아도 행복할 수 있다고 생각하는 사람은 후자를 지지할 것이다. 하나의 정답만 있을 것 같지는 않다.

이 지점에서 러셀이 중요하게 꼽은 것은 '중용'이다. 인생에서 노력과 체념 사이에 균형을 이루는 것이 바람직한데, 그것을 위해서는 중용이 필요하다는 것이다. 중용이란 사전적 의미로 '지나치거나 모자라지 아니하고 한쪽으로 치우치지도 아니한, 떳떳하며 변함이 없는 상태나 정도'를 말한다. 편견이나 편향됨이 없음을 뜻하며, 과유불급過猶不及의 정신을 내포한다. 공자, 석가모니, 아리스토텔레스가 모두 이를 중시했다는 점에서 인생의 보편적 진리라 해도 과언이 아니다.

『행복의 정복』에서 러셀은 훌륭한 인생은 여러 활동 간 균형을 이루어야 하고, 특정 활동에 치우쳐서는 안 된다고 했다. 그는 인생에서 효율성을 주장하는 사람들이나 매사에 열정적인 사람들은 노력의 이론을 강조하는 반면 성직자나 신비주의자들은 체념의 이론을 강조하는데, 각각의 이론은 완전무결한 진리가 아니라고 했다. 어느 한쪽으로 치우치면 자칫 위험할 수 있다.

그도 행복을 위한 노력의 불가피성을 인정하면서 대부분의 사람들에게 행복은 신이 베푸는 선물이 아닌 힘들여 쟁취해야만 하는 대상이며, 그것을 쟁취하기 위해서 엄청난 노력을 해야 한다고 말했다. 행복은 무르익은 과일이 저절로 입에 떨어지듯 찾아오지 않는다. 손을 뻗어 따야 하는 것이다.

당연한 이야기다. 열심히 공부하지 않은 사람이 중요한 시험에 합격할 리 없고, 경제 뉴스 한번 챙겨 보지 않은 사람이 주식에서 큰돈 벌 리도 없다. 자녀를 정성 들여 키우지 않은 사람이 그 자녀에게 존경과 사랑을 받을 리 없고, 하다못해 마음에 둔 사람에게 고백하는 성의도 없는 사람이 멋진 배우자를 만날 가능성은 희박하다. 세상만사 애써 노력하지 않으면서 행운을 바라는 것은 욕심이자 어리석음이다. 큰 성공과 행복을 거머쥔 사람은 대부분 노력가다. 노력이 필요할 때는 젖 먹던 힘까지 내서 최선을 다해야 한다. 남다른 인내와 끈기로 칠전팔기七顚八起라도 해야 한다.

그렇다고 노력만이 전부는 아니다. 러셀은 인생에서 피나는 노력 못지않게 체념도 중요하다고 보았다. 이게 아니다 싶을 때는 희망을 버리고 과감하게 단념할 줄도 알아야 하는 것이다. 행복을 찾아가는 길에 체념이 담당하는 역할은 노력이 담당하는 역할 못지않게 크다. 러셀은 정말 중요한 목적을 추구하는 일을 할지라도 지나치게 몰두한 나머지 실패하지 않을까 하는 걱정이 마음의 평화를 갉아먹도록 방치하는 것은 현명하지 못하다고 말한다.

노력이나 열정을 중시하는 사람은 의지가 약한 사람의 성급한 포기로 해석할 수도 있다. 그러나 러셀이 말하는 체념은 그런 것이 아니라 중용의 실천이다. 포기하지 않고 계속해서 더 많은 노력을 기울일지, 적정한 선에서 체념하고 중단할지 판단하는 데 중요한 기준이 되는 것이 바로 중용의 도다. 지나치거나 모자람이 없도록, 어느 한쪽으로 치우침이 없도록 해야 한다.

목표 지점을 향해 맹렬하게 달리다 포기하는 것은 흔히 실패로 간주되지만, 중용의 시각에서 보면 반드시 실패라고 보기 어렵다. 특정 목표를 달성해야 한다는 이유로 현실을 무시한 채 한쪽으로 치우친 상태로 계속 나아가는 것을 현명하다고 할 수 있겠는가?

다른 철학자들의 생각을 빌려와 보자. 프리드리히 니체가 니힐리즘에서 묘사하는 체념은 삶의 의욕과 창조적 에너지를 상실한 것이어서 취할 것이 못 된다. 장 폴 사르트르가 실존주의에서 말하는 체념 역시 자유와 선택의 책임을 회피하는 비겁함이라 나는 좋아하지 않는다. 하지만 에픽테토스, 세네

카 같은 스토아학파 철학자들의 체념은 무기력이 아니라 현명한 수용이어서 얼마든지 받아들일 만하다.

목표를 향해 전진하다 본래 계획이 무리였다는 사실이 드러나거나, 상황 변화로 인해 계속 나아가는 것이 무의미하다고 판단될 경우 과감하게 멈추는 것이야말로 지혜다. 불가능한 일에 집착하지 않고 새로운 길을 찾아 나서기 위해 단호하게 중단하는 것이 바로 러셀이 말하는 체념이다. 절망한 나머지 모든 것을 포기하는 것과는 근본적으로 다르다. 이는 희망의 결단이기에 용기라고 할 수도 있다.

여기서 중요한 점은 결단이 필요할 때 노력과 체념의 경계선에 정확히 올라서야 한다는 것이다. 사실 이 둘은 종이 한 장 차이일 수도 있다. 전진이냐 중단이냐를 결정할 때 경계선에 두 발을 단단히 딛고 서서 판단하는 일은 매우 어렵고도 중대하다. 선입견이나 편견을 버리고 주어진 상황을 냉철하게 분석할 수 있어야 한다.

경계선에 선다는 것은 상대방, 혹은 반대편에 대한 인정과 존중을 의미한다. 노자가 말하는 '유무상생有無相生', 즉 '하나의 존재는 그것과 대립하는 존재를 인정함으로써 존재한다'는 것과 다르지 않다. 꿈과 현실의 경계, 너와 나의 경계, 선과 악의 경계……. 끝까지 노력할 것인가, 아니면 이 지점에서 새로운 길을 모색할 것인가를 판단할 때는 반드시 경계선에서 보아야 한다. 이것이 바로 중용의 가르침이다.

공자는 말했다. "중용의 덕은 최고의 덕이다." 나는 공자의 가르침을 제대로 이해하고 중용에서 참된 행복을 찾은 사람으로 20세기 중국의 대표 지성인 린위탕林語堂을 꼽는다. 그의 저서 『생활의 발견』에 이런 대목이 있다. "삶의 목적은 나에게 주어진 시간 동안 최대한 즐겁게 사는 것이다. 이를 위해서는 현실을 무시해서도 안 되고, 이상을 잊어서도 안 된다. 돈을 무시해서도 안 되고, 돈의 노예가 되어서도 안 된다. 가족을 사랑해야 하지만, 가족만 사랑해서도 안 된다."

그렇다. 세상사는 단순하지 않다. 인생은 단순 연산이 아니라 복잡한 방정식이다. 변수도 있고 미지수도 있다. 쉽게 판단하거나 함부로 결정해서는 안 된다. 린위탕의 말처럼 현실도 중요하고 이상도 그것 못지않게 중요하다. 돈이나 권력은 행복을 부르기도 하고 그것을 내쫓기도 한다. 세상만사 경계에 서서 냉정하게, 종합적으로 판단할 수 있는 눈을 가져야 한다.

러셀은 노력과 체념의 경계를 설명할 때 거창한 일에 한정하지 않았다. 그것은 사소한 일상에도 적용할 수 있는 태도다. 특히 삶의 중요한 목적에 집중하는 과정에서 생기는 부차적인 일들은 체념하는 편이 현명하다. 자그마한 걱정이나 안달, 짜증을 유발하는 언행 등은 경계선에 서서 간단하게 내려놓을 수 있다. 러셀은 현명한 사람은 가정부가 닦아 내지 않은 먼지가 있는지, 요리사가 익히지 않은 감자가 있는지, 굴

뚝 청소부가 쓸어 내지 않은 재가 있는지 감시하지 않는다고
했다.

　이런 사소한 것까지 점검하고 따져서야 어떻게 행복하겠
는가? 체념이 때론 삶의 지혜일 수 있다. 경계선에 반듯이 설
수만 있다면 누구든 체념으로 평화를 얻는다. 거기엔 너그러
움과 배려가 뒤따른다. 그것을 아름다운 포기라고 부르는 이
유다.

24.

다른 사람들의 고통에 귀 기울여라: 연민

연민은 기도가 아니라 행동하는 자선이다

러셀은 진정한 행복에는 세상과 인류에 대한 관심과 연민이 필수라고 보았다. 자신이 비록 미미한 존재일지라도 우주의 한 구성원임을 인식하고, 다른 사람들의 고통스러운 절규에 귀 기울여야 한다. 자기 혼자 잘 먹고 잘 살면 그만이라고 생각하는 사람은 참 행복을 누릴 수 없다.

당연한 말로 들릴 수 있겠지만, 이를 깨닫고 제대로 실천하는 사람은 그다지 많지 않다. 러셀은 '연민'이라는 단어를 일평생 끌어안고 살았다. 그는 인생을 회고하며 사랑에 대한 갈망, 지식에 대한 탐구욕 못지않게 '인류 고통에 대한 참기 힘든 연민'에 비중을 두고 살았노라고 했다. 그러했기에 자기 인생이 살 만한 가치가 있었고 또한 행복했다고 평가한 것이다.

러셀은 자서전 『인생은 뜨겁게』의 서문에서 연민에 대하여 "사랑과 지식은 일정한 범위에서 천국의 길목으로 이끌어 주었다. 하지만 늘 연민이 지상으로 되돌아오게 했다. 고통스러운 절규의 메아리들이 내 가슴을 울렸던 것이다."라고 기술했다. 연민의 대상은 굶주리는 아이들, 압제의 희생자들, 자녀의 짐이 되어 버린 노인들, 궁핍과 외로움에 떠는 사람들이었다.

그는 젊은 시절 일찌감치 사랑의 존재와 의미를 찾아내고 최고의 지식을 얻었지만 거기서 그칠 수 없었다. 세상 사람들이 겪는 온갖 고통에 연민의 마음을 갖고, 이를 해결하는 데까지 이르고자 했다. 그는 제1차 세계대전이 시작된 40대 초반, 세상사에 본격적으로 눈을 돌렸다. 행동하는 지식인의 삶에 시동을 건 것이다.

러셀은 영국에서 전쟁 반대운동을 전개하다 옥살이를 했고, 이후 말과 글을 통해 정치와 사회의 부조리를 끊임없이 비판했다. 때론 사상적 이단자 취급을 받았고, 미국에서는 종교와 도덕을 파괴했다는 이유로 대학 교수직에서 쫓겨나는 수모를 겪기도 했다. 그럼에도 활동은 조금도 움츠러늘지 않았다. 핵무기 반대 시위와 더불어 세계 평화운동을 줄기차게 전개하는가 하면, 베트남 전쟁과 관련해 미국을 강력하게 비판하기도 했다. 그의 주장은 하나같이 사랑과 이성에 뿌리내린 것이었다.

연민이란 불쌍하고 가련하게 여기는 심성이며, 착한 마음

씨로 타인에게 친밀감을 느끼게 한다. 더 나아가 남의 고통을 깊이 이해함으로써 그것을 완화해 주려는 마음으로 이어진다. 또한 연민은 타인을 힘써 도울 수 있는 에너지도 준다.

연민은 사랑보다 고귀하다고 할 수 있다. 대부분의 사랑은 서로 주고받는 것이다. 생명을 나눈 부모 자녀 관계가 아니라면 일방적인 사랑은 극히 드물 뿐만 아니라 설령 있다 해도 일시적이거나 불안정하다. 부부, 연인, 친구 사이를 살펴보라. 다들 사랑을 말하지만, 그 바탕에는 이기적인 마음이 깔려 있다. 나는 쇼펜하우어가 이 점을 정확히 짚었다고 생각한다. "모든 진정한 사랑은 연민이고, 연민이 아닌 사랑은 이기적이다." 그렇다. 사랑과 달리 연민은 대부분 이타적이다. 연민은 일방적인 사랑이며, 보상을 바라지 않는다. 쇼펜하우어가 모든 도덕의 기초로 사랑이 아닌 연민을 꼽은 것은 이 때문일 것이다.

연민을 사자성어로 표현하면 맹자의 '측은지심惻隱之心'이라고 하겠다. 그의 성선설을 뒷받침하는 이른바 사단四端 가운데 하나로, 타인의 고통을 차마 그대로 두지 못하는 마음이다. 맹자는 이렇게 설명한다. "어린아이가 우물 속으로 빠지는 것을 보면 누구라도 측은한 마음을 갖게 된다. 그것은 그 어린아이의 부모와 친해지고 싶어서도 아니고, 주변 사람들로부터 칭찬을 듣기 위해서도 아니며, 비난받고 싶지 않아서도 아니다."

이처럼 연민을 느끼면 다른 사람의 아픔에 공감하는 데 그치지 않고 그 사람을 위해 행동하게 된다. 연민은 기도가 아니라 실천인 것이다. 러셀의 삶에서 이런 모습을 볼 수 있다. 청년기부터 비범했던 그는 그 시절 이미 인류의 행복이 모든 행위의 목표가 되어야 한다고 생각하고 있었다. 이는 그에게 인류 고통에 대한 연민이 얼마나 중차대한 문제였는지 보여 준다. 자연스러운 귀결로써 앞서 말한 다양한 행동이 뒤따랐다.

전쟁으로 목숨이 위태로워진 사람들, 강대국의 횡포에 내몰리는 약소국들, 인간 이하의 대접을 받는 유색인들, 자본가들에게 착취당하는 노동자들, 사회적 약자에서 벗어나지 못하는 여자들과 노인들과 어린이들……. 러셀은 언제나 그들 곁에 있으려고 노력했다. 자신을 필요로 하는 곳이라면 80대, 90대 고령에도 어디든 달려가 그들의 손을 잡아 주었다. 그리고 죽는 날까지 연민의 마음으로 글을 썼다.

저서 『생각을 잃어버린 사회』에는 행동하는 지식인으로서의 확고한 소신이 담겨 있다. 그는 당시 횡행하던 강자들의 억지 주장들에 정면으로 맞섰다. 특히 핵무기를 사용하는 제3차 세계대전 발발과 지구 종말 가능성을 경고하며, 전 세계를 아우르는 단일 정부 설립의 필요성을 제기했다. 그는 괴짜 혹은 말썽꾼으로 매도되어도 소신을 굽히지 않았다.

인종 차별과 여성 차별에 대해서도 한껏 목소리를 높였다.

그는 『생각을 잃어버린 사회』에서 인류의 오래된 망상 중 하나는 어떤 인종이 다른 인종보다 도덕적으로 더 뛰어나거나 더 열등하다고 여기는 것이라고 했다. 그리고 이 믿음은 다양한 형태로 나타나는데, 어느 것도 합리적인 근거가 없다고 주장했다. 또한 남성 우월성에 대한 믿음은 교만이라는 죄악의 흥미로운 예고, 자신은 남성이 선천적으로 우월하다고 믿을 만한 근거는 근육밖에 없다고 생각한다고 말했다.

연민이 발현하는 행위는 이런 큰 의제에만 국한되지 않는다. 대표적인 것이 자선이다. 어려움에 처한 이를 가엾게 여겨 도움의 손길을 내미는 일도 연민의 한 형태다. 재력가가 큰 액수의 재산을 사회에 기부하는 것만이 아니라 주변의 어려운 사람들을 지나치지 않고 물심양면 조금씩 돕는 것도 훌륭한 자선이다. 연민이 인도하는 자선은 반대급부를 바라지 않는다. 그냥 내어 주기에 행복하다. 시인 칼릴 지브란은 달라고 할 때 주는 것도 좋겠지만, 달라고 하기 전에 미리 알아서 주면 더 좋다고 했다. 그의 저서 『예언자』에 이런 말이 있다. "주면서 괴로움도 모르고, 즐거움도 바라지 않고, 굳이 덕을 쌓는다는 식의 생각도 하지 않는 사람들이 있다. 이들의 내어 줌은 산 너머 계곡에 서 있는 향나무가 자신의 향기를 대기에 내뿜는 것과 같다."

핵심은 '지금 당장'이다. 우리는 흔히 말한다. "조금만 더 여유가 생기면……." 그러나 세상은 마냥 기다려 주지 않는다.

레프 톨스토이가 왜 이런 말을 했겠는가? "가장 중요한 때는 바로 지금이고, 가장 필요한 사람은 지금 내가 만나는 사람이고, 가장 중요한 일은 내 옆에 있는 사람에게 선을 행하는 것이다."

주위를 둘러보면 나보다 힘들게 사는 사람이 수없이 많다. 돈이 없어 맨날 끼니 걱정하는 사람, 잘 다니던 직장에서 갑자기 해고된 사람, 오랜 병마로 심신이 피폐해진 사람, 친구들에게 따돌림당해 외로움을 호소하는 사람……. 자선은 남을 위하는 행위라는 점에서도 값지지만, 자기 자신을 충만하게 한다는 점에서도 의미가 깊다. 자선의 향기는 받는 사람뿐만 아니라 주는 사람에게도 똑같이 미친다. 평소 자선을 곧잘 실천하는 사람은 안다. 티베트의 정신적 지도자 달라이 라마도 진작 이 점을 설파했다. "남을 도울 때 가장 덕을 보는 사람은 자기 자신이고, 최고의 행복을 얻는 것도 자기 자신이다."

러셀이 이 점을 염두에 두고 연민의 마음을 가졌을까? 자신의 행복을 이루고자 세상을 향해 도움의 손길을 내밀었을까? 정확히 알 수는 없지만 이것만은 분명하다. 그에게는 각자가 속한 세상이야말로 생존을 지탱하는 바탕인 동시에 행복을 가져다주는 기회의 장이었으며, 그렇기에 세상사에 관심과 열정을 쏟는 것을 더없이 중요하게 여겼다는 사실. 결국 러셀에게 진정한 행복은 세상과 인류에 대한 연민을 전제로 하는 것이었다.

러셀은『행복의 정복』에서 행복한 사람은 자신이 우주의
한 구성원임을 인식하고 우주가 베푸는 아름다운 광경과 기
쁨을 누린다고 했다. 누구라도 자신이 속한 우주, 즉 자신이
의지하고 살아가는 세상을 향해 따뜻한 마음을 가져야 참 행
복을 누릴 수 있다는 메시지다. 러셀이 가장 강조하고 싶었
던 말이 아닐까 싶다. 그가 책에 남긴 이 말도 더할 나위 없이
좋다.

"행복한 삶은 선한 삶과 대단히 흡사하다."

러셀에게 행복이란?

세상을 향한 관심이 최고의 행복을 이끈다

러셀은 조실부모한 어린 시절을 제외하고는 줄곧 행복했다. 본인의 평가가 그렇다. 58세 때 출간한『행복의 정복』에서 자신은 삶을 즐기고 있고, 한 해 한 해 점점 더 즐거워질 것이라고 썼다. 학문으로 큰 명성을 얻은 데다 아내와 더불어 아이 키우는 행복이 충만한 때였다.

그는 자기 자신에 대한 집착을 줄였기 때문에 삶을 즐길 수 있었다. 이룰 수 없는 것들에 대해서는 깨끗하게 단념하고 욕심부리지 않았다. 자신의 죄와 어리석음, 결점에 대해 깊이 생각하는 버릇이 있었지만, 나이가 들면서 이를 대수롭지 않게 여기는 법을 배웠다. 러셀은 인간과 사물에 대한 따뜻한 관심에서 근본적인 행복이 비롯된다고 보았는데, 이는 자신에 대한 지나친 몰입이 불행의 원천이라는 그의 주장과 일맥상통한다.

그는 세상과 인간에 대해 관심을 갖는 것은 사랑의 일종이라고 했다. 공동체의 현주소를 관찰하길 좋아하고 더불어 사는 사람들 개개인의 특성을 살피며 기쁨을 느끼는 마음이 그것이다. 이런 마음을 지닌 사람에게 친절은 의식하지 않아도 흘러나올 것이다.

러셀은 비인격적인 사물에 대한 관심도 중요하게 여겼다. 지질학자가 바위에 대해 느끼는 관심이나 고고학자가 옛 유적에 대해 느끼는 관심에는 우정과 비슷한 요소가 있다. 결국 자기 자신을 넘어 세상 만물을 향해 연민을 느끼는 사람이라야 진정 행복을 정복할 수 있다는 말로 들린다.

결국 러셀에게
진정한 행복은
세상과 인류에 대한
연민을 전제로 하는
것이었다.

버트런드 러셀은 삶을 긍정했던 철학자다. 지식과 사랑 두 가지를 '훌륭한 삶'을 위한 필수 요건으로 규정하고, 그것을 이뤄 내는 사람에게는 어김없이 행복이 깃든다고 설파했다. 그는 근거 없는 공포나 두려움에서 벗어나 삶을 과학과 이성에 의지해야 한다고 주장한 현실적 낙관론자였다. 본인의 성공적인 인생 경험에서 우러나온 것이어서 그의 주의 주장에는 언제나 묵직한 힘이 느껴진다. 이 책을 저술하며 다시 한번 절감한 사실이며, 다른 사상가들에게서는 좀처럼 기대하기 힘든 부분이다. 행복을 좇아 지금 당장이라도 그를 따라나서고 싶어지는 이유다.

러셀은 위대한 휴머니스트다. 세상의 고통과 슬픔을 마치 자신의 것인 양 온몸으로 받아들여 극복하고자 애쓴 지식인이다. 구닥다리 인습 타파를 외치며 기득권과 맞설 때는 거침없이 나아가는 혁명 투사의 모습 바로 그것이었다. 자기 사랑에만 몰두할 것이 아니라 연민의 마음을 품고 드넓은 세상으로 나가 보라는 철학자의 다그침에 거부할 수 없는 열정이 느껴진다. 러셀을 읽다 보면 '아름답고 숭고한 삶'을 한 번쯤 상상하게 된다. 범접하기 힘든 영역이지만, 그것이야말로 '더 큰 행복'에 속하기 때문이다.

러셀은 친절한 철학자다. 사랑과 행복을 이야기할 때는 자상함이 몸에 밴 동네 아저씨 같다. 어려운 논리나 딱딱한 철학 용어를 사용하지 않고, 일상에서 누구나 접할 수 있는 자질구레한 사례와 표현을 즐겨 동원한다. 도덕적 엄숙주의를 배격하는 그의 말과 글에서는 진솔함이 느껴지고, 재치와 유머가 넘쳐난다. 그가 남긴 다양한 분야의 아포리즘도 쉽고 간결해서 좋다.

이 책을 읽노라면 위대한 철학자와 편안한 마음으로 유쾌한 대화를 나누고 있는 당신을 발견하게 될 것이다. 그리고 이런 생각이 들 것이다. "나는 행복한 존재다."

집필에 참고한 러셀의 저서

『게으름에 대한 찬양』 송은경 옮김, 사회평론, 2022

『결혼과 도덕에 관한 10가지 철학적 성찰』 김영철 옮김, 자작나무, 1997〔절판.
　　이후 『결혼과 도덕』(이순희 옮김, 사회평론, 2016)으로 출간됨〕

『과학의 미래』 석기용 옮김, 열린책들, 2011

『권력』 안정효 옮김, 열린책들, 2003

『나는 무엇을 보았는가』 이순희 옮김, 비아북, 2011

『나는 왜 기독교인이 아닌가』 송은경 옮김, 사회평론, 2018

『러셀, 마음을 파헤치다』 박정환 옮김, 북하이브, 2022

『러셀, 북경에 가다』 이순희 옮김, 천지인, 2011

『러셀 서양철학사』 서상복 옮김, 을유문화사, 2009

『러셀의 교육론』 안인희 옮김, 서광사, 2011

『러셀의 시선으로 세계사를 즐기다』 박상익 옮김, 푸른역사, 2011

『런던통신 1931-1935』 송은경 옮김, 사회평론, 2013

『생각을 잃어버린 사회』 장석봉 옮김, 21세기북스, 2025

『시양의 지혜/철학이란 무엇인가』 정광섭 옮김, 동서문화사, 2017

『왜 사람들은 싸우는가?』 이순희 옮김, 비아북, 2010

『우리는 합리적 사고를 포기했는가』 김경숙 옮김, 푸른숲, 2008

『인간과 그 밖의 것들』 송은경 옮김, 오늘의책, 2006

『인기 없는 에세이』 장성주 옮김, 함께읽는책, 2013

『인생은 뜨겁게』 송은경 옮김, 사회평론, 2019

『행복의 정복』 이순희 옮김, 사회평론, 2017